U0716861

第三帝国

狼群

美国时代生活编辑部 / 编
卢水淹　靳惠玲 / 译

修订本

海南出版社
·海口·

目　录

1. 潜艇冒险计划的诞生 …………………………………… 15
2. 辉煌时代 ………………………………………………… 73
3. 扩大猎杀范围 …………………………………… 135
4. 最后的挣扎 ……………………………………… 191

附 文

被俘的掠夺者的内部结构…………………………………… 56
在狭窄的工作间里的伙伴们……………………………… 118
南大西洋纪事……………………………………………… 184
德国潜艇上的强盗们……………………………………… 243

致读者

首先应当承认，本书的策划并非出自我本人的想法。

事实上，当一小批时代生活图书公司的编辑和作者开始极力主张推出这样一个系列的时候，我的第一反应是："有关第三帝国的话题难道还能有什么新意吗？"

可是，当前往柏林、华盛顿和莫斯科的采访人员逐步发回他们的稿件——私人珍藏的回忆录和相册堆满了我的办公桌——目击者的记录和官方秘藏的文件被一一发掘出来之后，我觉得我的疑问已经找到了最好的答案。

我们正在接近一项重大的成果：对纳粹统治下的德国的一个全新的认识——从第三帝国的内部来解剖它。

本系列共有21本。每一本都向您展示了第一手的私人记录、从未发表过的照片、亲历者的回忆录和新解密的官方档案。它们恰如一幅徐徐展开的巨型画卷，将您带回那腥风血雨的黑暗时代，让您仿佛置身于喧嚣狂热的柏林、遍地瓦砾的华沙、燃烧的斯大林格勒、沙尘滚滚的北非，恍如走进了令人不寒而栗的集中营、党卫队的秘密会议室、希特勒的办公室、他的书房和卧室，甚至把握到他的思想动态。每一本都有一个中心主题，整个系列连起来则构成了迄今为止最完整、最细致的"第三帝国史"。

这就是我们所做的工作，让真实的历史说话。

时代生活编辑部主编乔·沃尔

在北大西洋武装巡逻的德国潜艇与风暴搏斗。

驾驶哨台上的水兵们 望远方，搜索着敌船和飞机。

在一艘潜入水里的德国潜艇上，潜望镜的十字瞄准线里无意中发现了一艘货船。

一艘运送军火的英国船只被德国潜艇发射的鱼雷击中后发生剧烈爆炸。

1. 潜艇冒险计划的诞生

德国潜艇队的指挥官卡尔·邓尼茨司令，面对即将发动的战争感到装备不足，1939 年 9 月 1 日，阿道夫·希特勒突然侵入波兰领土。入侵波兰对邓尼茨不是难题，他已经准备参加战斗。他在波罗的海和北海沿岸部署了 24 艘近海潜艇，以对付波兰少量的海军，以及可能援助的盟军如法国海军。使邓尼茨烦恼的是，随着战场不断扩大，侵略可能升级。几年来，特别是最近几个月仗越打越大，邓尼茨坚持认为他的潜艇部队和德国海军都还不足以与世界上最强大的英国海军交战。德国仅有两艘战列舰，而英国有 15 艘；德军没有航空母舰，而英军有 6 艘；英国皇家海军拥有的巡洋舰数是德国军队的 8 倍，驱逐舰和鱼雷快艇数量是德军的 5 倍。德意志帝国与英国在公海交战不可能取胜。当然，岛国如果没有了赖以生存的商船队，也会陷入混乱之中。邓尼茨断言，如果为了完成那个重要任务，他不仅需要 56 艘潜艇，到 1939 年夏末，需要听他指挥的潜艇至少要 300 艘。

7 月份在波罗的海视察潜艇训练期间，他向海军总司令埃里希·雷德尔陈述了他的观点。这位将军安慰他说，与波兰交战的战火不会扩大。雷德尔断言，希特勒

消瘦和有个性的潜艇司令卡尔·邓尼茨（最右边），1939 年 10 月在一艘新型的德国潜艇观察塔上站在海军上将埃里希·雷德尔身边。两位高级官员就德国潜艇在刚刚开始的战争中的重要性和作用存在分歧。

战前，U—51 号在波罗的海军事演习中，艇上全体官兵列队整齐地接受检阅。雷德尔上将举着象征地位的权杖，邓尼茨上校行传统军礼。

心中有数。和邓尼茨一样，他也坚决反对德国卷入另外一场两线战争，不过元首曾向他发誓不会对英国作战。雷德尔相信了元首的话。雷德尔甚至在 7 月 22 日向他的军官们讲话时重复了那个诺言，他说："不要认为元首会把我们置于一个不能自拔的险境。"

现在希特勒又点燃欧洲战火，占领了奥地利和捷克斯洛伐克，这不仅使德国将领们感到吃惊，也使世界其他国家的领导人目瞪口呆。似乎吞掉波兰而不受惩罚是合情合理的。在雷德尔讲话那天，为建造一支强大的潜艇部队而奔波了 4 年的邓尼茨原计划离开他心爱的潜艇指挥官的位置，休整 6 个星期。但他在 8 月 15 日第三帝国发布动员令时又被召回。

邓尼茨有两个指挥部。一个是基尔，这是德国在波罗的海上的第一大港口，另一个是北海的威廉港。8月底以前，他一直认为战争会仅仅局限在波罗的海海域，所以，就一直待在基尔。波兰的沦陷英国不可能袖手旁观。虽然他不能排除英国参战的可能性，但是，他还是于8月31日把自己的指挥部转移到了威廉港，当天晚上6点半，他给所有的船只发了命令："除非自卫或特别命令，不要与英军交火。他们的态度还不明朗。"

第二天早上德军进攻波兰时，伦敦方面犹豫不决，很难确定立场。然而，经过48小时的煎熬之后，英国宣布参战。英国海军上将发表了一个简短的命令，用明码电报传到海上的所有轮船上："向德军宣战。"几分钟之后，一份截取的情报传到邓尼茨手中，这使他大吃一惊，在作战室里烦乱地来回走动。他轻声说："天哪！又要和英国打仗了！"当他意识到他的下属正盯着他时，便离开了指挥室。半个小时之后他又回到指挥室，还是板着脸准备应付意料之中而又过于匆忙的战争。"我们了解我们的敌人，"他坚定地告诉他的官兵，"现在我们已经有了武器（他的意思是指德国潜艇）和面对敌人的指挥官。战争会持续很长时间，如果我们每个人尽职尽责，我们就能胜利。现在看你们的了！"

英国宣战，海军上将雷德尔也感到非常不安。那天下午他听到英国参战的消息时正在主持一个全体会议。为了不让下属看到他绝望的表情，他离开了会议室，并且满心忧虑地写了一份备忘录。雷德尔写道，假如他实施了希特勒应允的5年造船方案，德国海军就可以与英国舰队正面交战，并且切断英国的海上供应线，英国就必然会失败。雷德尔又写道，然而现在留给德国海军的仅仅是“让世人知道他们懂得如何光荣地死去”。在那个星期天下午，德军舰队的官兵从他们情绪低落的指挥官那里接到一个简短的命令：“马上开始与英国保持敌对状态。”第二天下午，邓尼茨的预感得到证实，威廉港（德国北部港市）上空响起了英国轰炸机的嗡嗡声，城市上空弥漫着炸弹的硝烟，整个城市伴随着英国炸弹的轰鸣声而发抖。

尽管邓尼茨情绪悲观，但是，他和他那似乎准备不充分的潜艇舰队还是要成为英联邦及其盟国最恐惧的武器。虽然由装甲车和步兵组成的装甲师入侵可以粉碎欧洲并且以此威胁英国，德国空军可以从空中重击伦敦，但是，只有邓尼茨掠夺商船的武装快艇和被称之为“狼群”的潜艇才能真正制服这个向德国公开挑衅的国家。德国潜艇将要击沉1400万吨的盟国和中立国的轮船，这些轮船的大部分准备供应英国战争所必需的物资和人民生活必需品。温斯顿·丘吉尔几年之后写道：“战争期间曾经真正令我惊恐的仅有一件事——德国潜艇带来的危险。”

第一次世界大战结束前的最后几个月，坚强的卡尔·邓尼茨是在英国拘留营里度过的，1919年7月，他到基尔海军基地报到，还是那么坚强。尽管他身材并

暴动的水手们——少数不满的士兵——于1918年11月聚集在柏林王宫的院子里一辆缴获的装甲车周围。自命为人民海军的水手们是零星的社会主义起义者的一部分。在威廉二世退位之后，他们使德国动荡了几个月。

不魁梧（邓尼茨中等个头、特别瘦），但是像鹰一样的容貌和笔直的体态使得他看起来似乎更高一些。曾经任海军指挥官副官的奥托·舒尔茨少校一见面劈头就问："邓尼茨，你还打算干海军吗？"

他被那样问其实是一种荣幸。《凡尔赛条约》只允许战后德国海军拥有军官1500名，只有优秀的才被邀请留下来继续在海军供职。自从1910年18岁的邓尼茨加入德国海军，就一直表现不错。虽然他来自一个中产阶级家庭，家里没有人服过兵役，但是他沿袭了令人羡慕的普鲁士军官严谨的作风和严格的纪律。他思维敏捷，时刻为下属的福利着想，这在真正的德国军官中不多见，因此在海军中很受拥戴，平步青云。

邓尼茨在大战之初是一名海军航空兵的飞行观察

员，后任水上飞机中队的指挥官，1916年调到潜艇部队。1918年他任艇长，他的名誉没有因被英国拘留而被毁。1918年10月4日，邓尼茨在驶往西西里岛南海岸的途中，潜艇出了机械故障。他无法下潜，无奈只得在敌军舰群之中浮出水面，他和他的同伴们不得不抛弃战船。英国人把他押解回岛，他在监狱里待了几个月后被遣送回国。

然而，1919年，邓尼茨需要有充分的把握，才能决定是否留在战后的海军。因此，当副官问他的打算时，他反问道："你认为我们还能再建潜艇部队吗？"

因为邓尼茨很清楚，《凡尔赛条约》只允许德国海军保留几十艘水面作战战船，不允许有潜艇和飞机。但是他也知道德国是不会听从任何人的旨意的。政界和军界的主要人物已经在想办法逃避《凡尔赛条约》对他们扩军的限制，重建德国的武装部队。所以，舒尔茨对邓尼茨的提问早有准备。他说："事情不会总这样，在几年之内，我想我们将再一次拥有潜艇部队。"

在他的鼓励下，邓尼茨很快签约，帮助舒尔茨挑选重建海军的人才。1920年3月，这项工程中断，当时几个海军高级官员参与了右翼分子的政变，在柏林建立了一个以名叫沃尔夫冈·卡普的公务员为首的新政府。卡普政权只维持了5天。邓尼茨巧妙地渡过了难关。不知何故，当时他统领一艘鱼雷艇，带着全船工作人员离开了基尔，政变结束后才返回。魏玛政府处罚了一些参与政变的官员，其余的又回去从事重整军备的活动。邓尼茨被派到波罗的海斯维内明德港，负责建设那里的鱼雷艇基地。

近 15 年的时间里，邓尼茨一直没有离开过潜艇。舒尔茨大大低估了秘密重建一支潜艇舰队所需要的时间。事实上，不仅仅是潜艇部队，就连全部海军要躲过协约国巡视员的眼睛而重新发展都有一定的难度。陆军可以在某处洞穴里隐藏它的违法武器，空军可以把一些飞机藏在偏僻的俄罗斯飞机修理库里，可海军能在哪儿秘密地建造战船和潜艇呢？尽管如此，准备工作还在有条不紊地进行。秘密资金到位，可靠人员被招进影子公司，违法计划在阴暗的办公室里完成。大量莫名其妙的资金投入到尼德兰地区的一个名叫荷兰潜艇发展署的公司，在那里德国海军工程师和军官们穿着平民的衣服，设计并帮助建造潜艇，这些潜艇将被卖给不同的国家。在交货之前，德国工作人员对潜艇进行超长时间的完整试航。

在此期间，邓尼茨集中精力搞他自己的事业。他强迫自己和鱼雷快艇上的全体人员刻苦努力，谋划和准备军事演习，仿佛战争即将开始。他发明和试验新的战术和技术，并对成果苛刻地提出批评意见。他对自己和同事们要求很严格，不过他常常和他们同甘苦并极力营造一种和谐的气氛。1921 年，他的一名指挥官在一篇评论文章里赞扬他“平易近人，对工作全身心投入”。

邓尼茨在鱼雷艇上待了3年，之后于1923年调到基尔参谋部，指导潜艇猎杀方式和进行深水炸弹攻击研究。在那里他遇到了一些海军的后起之秀，包括埃里希·雷德尔，他后来成为一名少将；还有威廉·加那利斯，他后来成为德国武装部队最高统帅部情报机关的头号人物。他和这些人志同道合，都热爱德国海军，对第一次世界大战中德国的失败感到痛心，嫌恶软弱无能的魏玛政权，并渐渐地开始关注纳粹党。

这些志同道合的人们在邓尼茨身上看到了未来海军领导人卓越超群的受人尊敬的影子。雷德尔于1924年热情地写道："聪明、勤奋、有雄心的军官。"1929年又写道："卓越的、超群的、坚强的、思维敏捷的军官。"不久，邓尼茨被提升为海军少将，管理3艘鱼雷快艇。

当邓尼茨受到每年一次的对有突出贡献的军官给予旅游奖励的时候，他的才能得到了更广泛的认可。1933年2月，就在希特勒刚刚掌权时，他悠闲地到远东旅游了5个月。之后做了一年的参谋，在这期间他被任命为司令官，于1934年夏天访问英国，11月统领大白鹅号轻型巡洋舰从非洲到印度做了一次漫长的巡航。

当时，德国还没有属于自己的潜艇。秘密的设计工作一直在荷兰、芬兰进行，1926年之后才在柏林设立了一个隐蔽的办事处。1932年，德国海军最高统帅部（OKM）完成了关于恢复制造潜艇的计划，并于

1933 年开始训练海军士兵。截至 1934 年秋天，足够装配 10 艘潜艇的部件分别在西班牙、荷兰和芬兰制作完成，之后从水路运往基尔贮存起来。

1935 年 6 月邓尼茨回国，在这之前德国发生了许多事。3 月希特勒批评了《凡尔赛条约》的限制军备条款，并宣称德国要重新成为一个独立自主的国家。对此，第一次世界大战的战胜国们除了提出抗议没有作其他反映。这时德国政府把它正在扩大的兵工厂公布于众。赫尔曼 · 戈林宣布了纳粹空军的存在，希特勒夸耀地说他的空军和英国皇家空军势均力敌。元首还宣布征募一些新兵，建立一支由 36 个师组成的部队。

之后希特勒实现外交突破并重新开始武装德国海军。6 月，他宣布了一个和英国签署的协定，把德国海军的力量限制在英国的 35% 之内。该协定似乎是把德国海军在海上的地位永久冻结在次要的位置，可事实上给了这个弱小的海军疯狂建设的许可。协议还置《凡尔赛条约》于不顾，默许德国拥有空军，同时英国、法国和意大利联合反对德国侵略的斯特雷萨阵线破裂了。

海军协定是希特勒大阴谋的第一步，他要发展与英国的特殊关系，以防止他在东欧谋取霸权时这个强大的国家出来干涉。根据条款规定，潜艇作为一种特殊情况，德国的海下武装力量要限制在英国的 45%，这一让步并没有引起英国海军战略家的惊慌。英国皇家海军认为潜艇没什么必要，并且自己已拥有 50 艘。此外，第一次世界大战结束之前，英国研究出了一种叫作 ASDIC 的潜艇定位装置——潜艇探索器。ASDIC 是“联合的潜艇防御研究委员会”的英语缩写，该组织对这项研究工作进行监督。美国海军官兵把这种装置叫作“声呐”，它是在水下发射一束声波，并对收到的物体的反射波加以分析。在正常情况下，潜艇探索器可以搜索到几千码以外的潜入海里的潜艇。英国的军事家相信，潜艇探索器会消除任何潜艇对他们的威胁。依据一位海军上将的文章，“德国潜艇没有能力再与我们对抗，1917 年面对过的问题我们已经解决”。

正像英国皇家海军对它的防御能力估计过高一样，它对德国的侵略力量估计过低了。一位海军上将分析了海军协议后建议，确保德国方面保持节制的最好方法是把他们想要的东西给他们。这种态度使希特勒欣喜若狂，同时也把英国推向毁灭的边缘。元首告诉雷德尔，1935 年 6 月 18 日，双方在那个协议上签了字，那是他一生中最快乐的日子。

事实上，希特勒的第一艘潜艇在签约那天已经下了水，10 天之后正式命名为 U-1。截至 9 月 28 日，又有 9 艘潜艇从基尔下了海，形成了一支小舰队，划归卡尔 · 邓尼茨领导。邓尼茨回忆他的任命时说：“我既没有接到命令和指示，也没有接到指导。”不过他认为什么都没有反倒是一件好事。他的自由自在的处境给了他一个机会，使他把在第一次世界大战期间和后来在鱼雷快艇上学到的东西都用个遍。他后来写道：“我又一次成了一名真正的潜艇士兵。”

他的第一个目标是用他对这一非常规武器的狂热感染他的军官和士兵们。他嘲笑潜艇探索器的开发将使得德国潜艇不再起作用的观点，尽管没有人真正了解英国的这种装置在战斗中的作用究竟怎样。德国潜艇学校一直在教潜艇工作人员在两英里以外往水里发射鱼雷以避免潜艇探索器的侦察。他断言这种做法是无稽之谈，根本没有必要，并命令要在600码的地方发射鱼雷。为了给他的官兵们鼓劲，他组织进行极度紧张的训练，尽可能地展现战争的严酷性。

邓尼茨要求每艘船上的人员，在实际练习发射鱼雷之前，成功地完成66次升出水面和66次沉入水下的练习。邓尼茨无处不在，他可能与军官们在一起，或者在主控室里指导工程师，或者在动力室里解决机械问题。1936年，在一次紧急下潜训练中，一艘潜艇突然出现一条裂缝，差一点儿艇毁人亡。海军最高统帅部发出警告，自此以后，不准潜入150英尺以下训练，邓尼茨对此很反感。他认为，安全界限使他的队员们丧失了体验有价值的经历的机会。不仅如此，后来他才知道这个禁令还延迟了他们发现潜艇自身缺点的时间。之前阻止柴油发动机排气管进水的阀门设计得不够周全，在潜入深水期间会漏水。假如不是发现得早，此缺点可能使许多潜艇在与敌人战斗时遭受损失。邓尼茨说：“在和平时

1935年6月，在第三帝国的第一艘潜艇U–1号从基尔港滑进静静的海水里的时候，信号员站在指挥塔上发信号。为了回避《凡尔赛条约》的制裁，船是秘密建造的，这艘254吨的船被认为太小了，不能在沿海水域起什么作用。

期没接受教训，在战争时期就要付出更大的代价。”

他于1935年写道：“德国潜艇基本上是一种专门的攻击武器。”并且他在不间断地鼓吹这个学说。除了传统的在白天对敌人的船只发动深水攻击外，邓尼茨还尝试在夜间发动水面进攻。潜艇探索器不能在水面上发现德国潜艇，并且在夜晚潜艇低低的轮廓探索器很难找到，更不用说攻击了。他们可以接近敌人并近距离投放鱼雷轰炸。

经过一年的紧张训练之后，邓尼茨和他的战友们接到了第一艘新型潜艇。他们的旧船是II型的，排水量279吨，拥有3个船头鱼雷发射管，水面最高速度为13节，并且在12节的速度时大约航程为1800英里。邓尼茨称该航行工具“非常简单且效果良好，但是有点小”。几次测试之后，新型的潜艇——VII 型潜艇设计出来了，排水量 761 吨，船头有 4 个鱼雷发射管，船尾还有 1 个，水面速度 17 节，行速在 12 节时航程超过 6000 英里，不久又提高了，几乎达到 9000 英里。邓尼茨宣称这是“极好的型号”。

作为潜艇舰队总司令的邓尼茨不断发展非传统战术。对于他来说，第一次世界大战的教训很清楚：单独放出潜艇攻击偶尔出现的战船效果一直不错，但是对付敌人的运输船队，效果就差了。当时一艘潜艇找到一支护航舰队的机会很少。即便是发现了目标，护航舰队的防护大大地减少了德国潜艇成功攻击的可能性。

1936 年的某一段时间，邓尼茨开始试验一种新战术，这种战术首次在 1917 年提出但从来没在战争中使用过。他把一群潜艇沿一条大弧线展开，与护航舰队的可能路线交叉，这样增加了其中一艘船侦察到敌人船队的机会。当一艘潜艇发现敌船的时候，它将追踪过去，并同时通过无线电召唤邻近的潜艇。之后，德军会用大量的兵力从侧面和后面进攻，如果可能的话，夜间还可浮到水面上操作。这些方法将渐渐被称为——用纳粹宣传员喜欢说的话就是——狼群战术。

然而，像大多数改革一样，该项方案没有引起海军最高统帅部参谋机关的重视。负责制订全球战略的海军策划者们认为德国潜艇在下次战争中的作用应像上次战争一样——独立远程作战。因此，德国海军最高统帅部设想建造2000吨排水量的巨大水下巡洋舰，装备上水面射击的重型大炮，足以应付全球作战。狼群战术的天才邓尼茨需要的是一支大型的潜艇舰队，而不是几艘庞大的水下巡洋舰。在他看来，建造大船是一种对资源的浪费。建一艘巡洋舰所用的时间、人力和物力可以建造好几艘潜艇。

邓尼茨拒绝接受上级的意见。1937年，他的看法和他们不和，就像他写的："变得越来越尖锐。"他所有能用的说服力和逻辑都用到了这场斗争中，所施加的影响远远超过了他的相对低微的地位所能做的。结果不是胜利，而是造成僵局。雷德尔也不能决定怎么办才好，1936年生产了21艘潜艇的船厂在1937年仅制造了1艘。那年秋天，邓尼茨组织了一次大型训练，谋划试验至少他自己满意的运作良好的新的狼群战术。他在为改变高级领导人的思想加倍努力。

当时，德国整个海军造船项目遇到了麻烦。陆军、纳粹空军和齐格菲防线建设者们都需要大量的现成可用的钢，而海军处于长期短缺状态。雷德尔抱怨供应量不足有一年了，他在1937年10月25日传出话，要么得到更多的钢材，要么彻底砍掉该项目，以便"在可以想象得到的时间内"至少建成几艘船。

此外，战略家们正面临着一个至关重要的理论问题：海军准备打一场什么样的战争？军事家们预见和波兰有一场战争，也可能跟法国交战，这意味着战争要在

潜艇的种类

右边展示的是德国自1934年开始建造的9种主要的潜艇的类型。它们的性能参差不齐。最早的Ⅰ型失败了，它操作起来不方便，仅有两艘下海。Ⅱ型性能较好，动作灵活，运转可靠，可是体积小，1940年之后主要用于在波罗的海进行军事训练。

Ⅶ型，特别是1938年的改进版本"C"，打起仗来速度快、效率高、操作简便，共建造了660多艘，占帝国潜艇生产总量的一半以上。Ⅸ型比Ⅶ型拥有较大的航程和较多的武器装备，并且比其他类型的潜艇击沉敌船的吨位数都高。

有两种潜艇用于供应物资。Ⅹ型，是经过改进的布雷艇；ⅩⅣ型，是1688吨的"奶牛船"，为参战的潜艇运载和提供额外的432吨燃料。

不断改进的反潜艇技术要求潜艇能在水下待较长的时间。实验的ⅩⅦ型入水快，但体积太小，不能装载足够的武器。ⅩⅪ型和ⅩⅩⅢ型都是电动的，有很好的速度且战斗力强，可以在水下待数天。但是它们出现得太晚了，仅有一艘庞大的ⅩⅪ型潜艇遇到过一艘盟军舰船，ⅩⅩⅢ型一艘未遇见过。

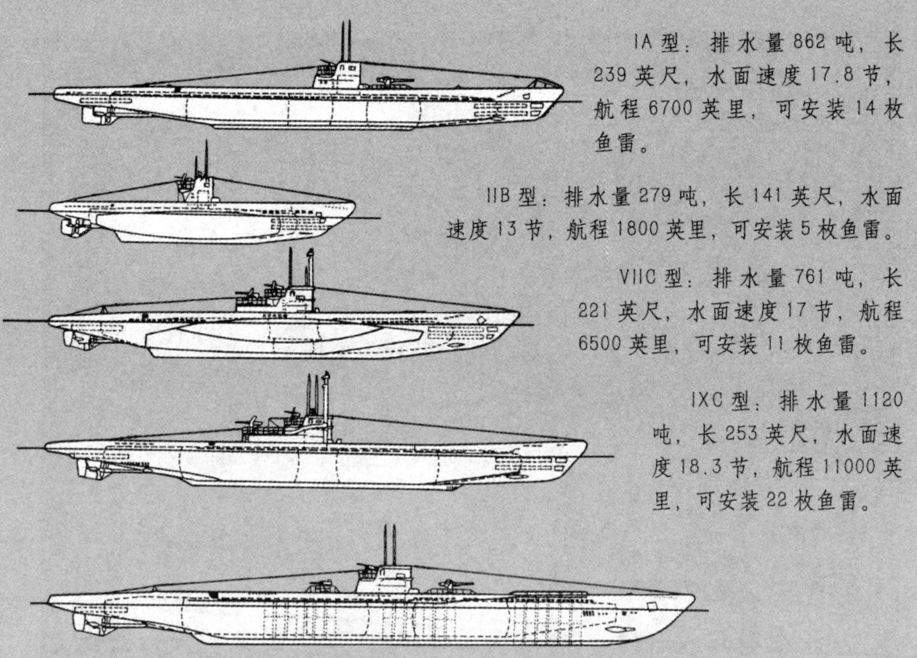

IA 型：排水量 862 吨，长 239 英尺，水面速度 17.8 节，航程 6700 英里，可安装 14 枚鱼雷。

IIB 型：排水量 279 吨，长 141 英尺，水面速度 13 节，航程 1800 英里，可安装 5 枚鱼雷。

VIIC 型：排水量 761 吨，长 221 英尺，水面速度 17 节，航程 6500 英里，可安装 11 枚鱼雷。

IXC 型：排水量 1120 吨，长 253 英尺，水面速度 18.3 节，航程 11000 英里，可安装 22 枚鱼雷。

XB 型：排水量 1763 吨，长 296 英尺，水面速度 16.4 节，航程 14450 英里，可安装 13 枚鱼雷。

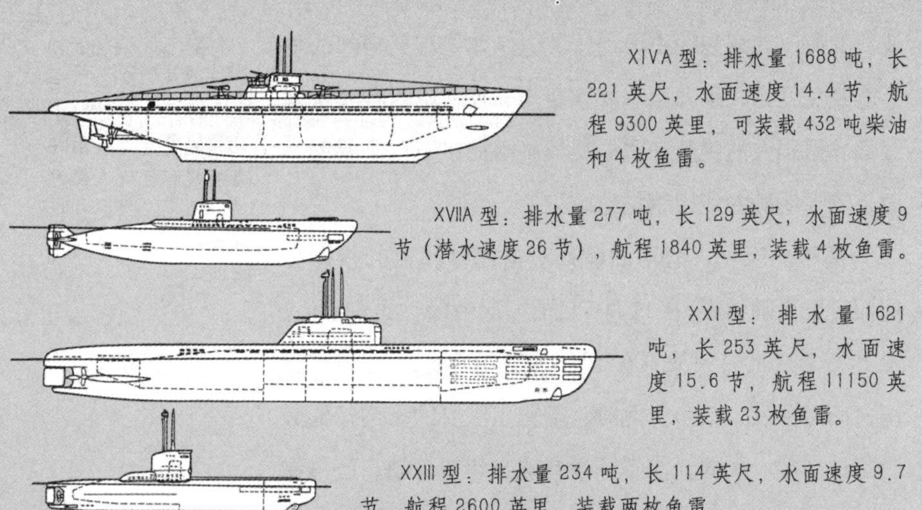

XIVA 型：排水量 1688 吨，长 221 英尺，水面速度 14.4 节，航程 9300 英里，可装载 432 吨柴油和 4 枚鱼雷。

XVIIA 型：排水量 277 吨，长 129 英尺，水面速度 9 节（潜水速度 26 节），航程 1840 英里，装载 4 枚鱼雷。

XXI 型：排水量 1621 吨，长 253 英尺，水面速度 15.6 节，航程 11150 英里，装载 23 枚鱼雷。

XXIII 型：排水量 234 吨，长 114 英尺，水面速度 9.7 节，航程 2600 英里，装载两枚鱼雷。

在1937年柏林的一个展览会上，一个大约有U-9号一半尺寸的复制品展示在高射炮和巨大人像之间。希特勒以此让世界知道德国快速的军备调整。

波罗的海、北海和地中海进行。但是如果与英国的战争不能避免的话，那德国军舰就要与一支无论近程还是远程都非常强大的舰队在水中交战。雷德尔不仅需要钢，而且需要明确的使用钢材的政策。

那年的晚秋，海军的前景对雷德尔和他的指挥官们而言已更加清晰。在11月5日的一次会议上元首承认，除非第二次世界大战不在1943年之前开始，否则和英国之间可能发生战争。此时，雷德尔需要的是钢，他必须尽快造船。至此，海军还没有确定建造计划。值得注意的是，一年又过去了——恰巧在最高统帅部调查海军与英国作战的装备之前。在这一年里，希特勒冒着战争的危险吞并了奥地利，之后又宣布了一个更危险的计划：消灭捷克斯洛伐克。

策划者们终于向希特勒递交了两个选择方案：快速准备，建造一支由潜艇和小型战舰组成的相当大的舰队，与英国的供应运输船交战；或者用 10 年时间，建造一支大型的品种齐全的舰队，既能攻击商船又能与强大的英国皇家海军对抗。希特勒选择了宏伟的计划，只是作了一些变动——舰队必须在 6 年之内建成，而不是 10 年。他要组建的舰队如果建成，要烧的油比 1938 年整个德国全年所消耗的油还多。

邓尼茨很沮丧。他断定，英国不可能在一个有潜力的敌人建造这么一支庞大的舰队时袖手旁观，坐以待

希特勒最初的潜艇编队是由 13 艘组成的韦迪根舰队，1937 年停靠在基尔它们的供应船旁。舰队被命名为奥托·韦迪根舰队，这是一个第一次世界大战期间潜艇指挥官的名字，他曾在一天之内击沉了 3 艘美国巡洋舰。

这是用安装在船头上的照相机拍下的U–27号潜艇在水面行驶时产生的瀑布一样的喷雾。一旦战争开始，为了安全，指挥塔上的数字会用油漆盖上。

毙。在他看来，在战争爆发之前只剩下建造一支由潜艇组成的中型舰队的时间。他做了个计算，在大西洋对英国进行经济束缚至少需要 100 艘潜艇。事实上，这指的是 300 艘潜艇的舰队，因为有三分之二的潜艇要停在港内补充给养、维修或运输。他在 1939 年年初说，在“最近的几年之内”完成这样一个建设项目是不可能的。

只有几个月的时间了。希特勒在 3 月底秘密命令他的司令官们准备在 9 月 1 日入侵波兰。4 月 26 日，他公然批判 1935 年的英德海军协定，以麻痹英国，扰乱视听。雷德尔曾把邓尼茨的担心慎重地向元首转述过，但没有奏效。希特勒继续保证海军不会与英国军舰交火，而就在同一天伦敦方面发出信号“向德国宣战”。

与入侵波兰的飞机、大炮发出的轰鸣形成鲜明对比，海上战争悄无声息并进展迟缓。为了不与英国和法国发生冲突，邓尼茨的潜艇上的舰长们接到了严格的命令，必须坚守国际海上公约。根据所谓的“捕获条例”，禁止攻击定期客船。潜艇在拦截商船时要求浮上水面质询，并使其停止航行，检查是否载有军事违禁品。如果是，潜艇有权扣留或使其沉没，不过要保证船上人员的安全。

德国人试图避免第一次世界大战时的战争模式。当时德国人拼命想办法不与美国人发生冲突，可在 1915 年春天德国潜艇舰队犯了一个大错误，用鱼雷炸沉了客船，船上正好坐着美国人。受损的船只是卢西塔尼亚号

豪华客轮，被U－20号潜艇击中沉入海底，1198人丧生，其中包括128名美国公民。美国也加入了谴责德国潜艇破坏行为的国际舆论队伍之中，尴尬的德国海军放弃不受限制的水下战争的策略，开始遵守国际法，不过为时已晚。德国潜艇的攻击行为导致美国公共舆论对德国极为不利，为美国对德宣战铺平了道路。

出乎意料的是，1939年战争一开始潜艇也犯了同样的错误。在英德宣战当天，被德国潜艇击沉的第一艘船是一艘非武装的客轮——雅典尼亚号。9月3日天黑以后，U－30号潜艇发现雅典尼亚号在北大西洋上航行，客轮上船灯紧闭，呈之字形路线行驶。船长断定这是一艘军用运输船，于是没有遵守任何规则，向雅典尼亚号发射了鱼雷。1103名乘客被送到了死亡线上（其中有300名美国人），128人丧生。

对这次沉船事件，德国政府否认它在其中应付如何责任。事实上，政府在U－30号潜艇9月底回到基地之时才知道事实真相。德国人甚至谴责刚刚被提升为英国海军部部长的温斯顿·丘吉尔，说他蓄意安排了这次灾难并把它推到德国人身上，破坏了德国人的声誉。希特勒对这次事故大发雷霆。他马上下令扩大了对潜艇的约束：不许再攻击客船，无论如何也不要对法国轮船动武。

城市燧石号货船上的一只救生船，把受鱼雷攻击的雅典尼亚号客轮上两名受伤的乘客送往一艘准备营救的美国快艇。满载平民的雅典尼亚号为了避开欧洲战争，驶往美国。

邓尼茨不断受到挫折。只有22艘潜艇零零散散分布在大西洋上，没有机会施展他的狼群战术。整修和再补给的时间彻底地削弱了这支弱小的部队。此外，国际法的责难更使得德国潜艇处于不利地位。潜艇被迫露出水面与敌人交战，把自己暴露在带有武器的商船的隐藏的火力之下，同时还要冒着被发现和被巡逻飞机攻击的危险。9 月 6 日一艘商船开火的时候，U–38 号潜艇几乎被击沉。

从一开始，机械故障就影响了潜艇的战斗力。9 月 14 日，在 U–39 号潜艇袭击英国皇家阿肯号航空母舰时，邓尼茨损失了第一艘船。潜艇的鱼雷引爆太早，引起了英国驱逐舰的注意，U–39 号被驱逐舰击沉。更糟的是，没有营造项目生产新潜艇来弥补和替代被击沉的潜艇，更不用说扩大潜艇势力，使其达到战争的要求。无奈之下，懊悔的邓尼茨主动要求辞去总司令一职，并请求专门负责潜艇的改进和建设。但是，他的请求没有得到元首的许可，元首命令他坚守岗位。

邓尼茨从不时的胜利中尽可能地得到一些安慰。9 月 17 日，U–29 号潜艇设法击沉了英国的勇敢者号航空母舰，船上有 519 人。勇敢者号航空母舰的沉没迫使英国人撤走了大西洋上的其余航空母舰。像邓尼茨夸耀的那样，撤退进一步证实了“英国人的举动不像他们从前那样有效”。

所有的潜艇工作人员，在完成了首次武装巡逻之后才有资格戴这个装饰品——潜艇战争证章。

其间，邓尼茨冲破了“捕获条例”的桎梏。当时被德国潜艇盘问的商船会发“SSS”信号——意思是说“被潜艇攻击”——并报告他们的位置。邓尼茨正确地

这是一幅从一艘护航驱逐舰上拍摄的照片，勇敢者号航空母舰1939年9月17日在爱尔兰海域被两枚鱼雷击中，向一侧倾斜。此航空母舰的损失是英国皇家海军在海上战争中受到的第一次大挫折。

判断出那是向英国空军和海上巡逻艇发出求救信号。他认为这是用商船搞军事活动，该行动使得“捕获条例”的必备条件无效。9月23日，希特勒同意了邓尼茨的请求，允许攻击被盘问以后发出信号的任何船只。

4天以后，波兰首都失陷，希特勒在战争中第一次把注意力从装甲车和俯冲轰炸机上转移到海军活动上来。许多潜艇在完成了首次大西洋巡航之后回到邓尼茨的总部威廉港补充燃料、生活用品和鱼雷，希特勒亲自到总部看望他们。

邓尼茨利用这次机会向希特勒递交了一份热情洋

溢的报告，阐述了舰队发展的必要性和重要性。他的潜艇已经击沉了13.5万吨的敌船，使得炫耀一时的英国潜艇防卫部队名声扫地。邓尼茨说，德国潜艇的军事打击能力可能比以前更有效，因为他们的无线电通信设备得到了极大的改进，新的电子鱼雷不再留下让敌人追踪的尾迹。邓尼茨向元首保证，一支利用狼群战术的拥有300艘潜艇的舰队，会成为“给英国的致命弱点造成毁灭性打击的重要武器”。

可以理解的是，邓尼茨没有详述战争的第一个月德国潜艇受到的种种挫折。一开始在海上有22艘潜艇，后来只剩下了15艘，有的停在基地，有的往返在海上，两艘被击沉。另外，还有许多鱼雷要么打飞了，要么就是哑弹，根本就没有出炮筒。然而，希特勒对这次谈话留下了深刻的印象。9月30日，邓尼茨被提升为海军少将。两周之后，元首对他的这位潜艇指挥官更加赞赏了。

1939年10月13日，晚上没有月光，海军少校京特尔·普林带着U-47号潜艇来到斯卡珀湾周围的水域。这里是一个大海港，奥克尼郡环绕四周，是英国近海舰队的重要基地。通往港口的多条水路不是重兵把守就是由沉船或钢丝网阻挡。然而，舰队司令邓尼茨曾研究过港口的空中摄影图，发现挡在东面越过羔羊岛入口的两艘废船之间有一道55英尺宽的缝，正好够一个技术高明的艇长驾驶潜艇通过。邓尼茨已经派最好的指挥官去探索给英国毁灭性打击的可能性。

当普林从舱口爬到指挥塔上时，本指望看到的是一片漆黑。万万没有想到，北极光照亮了天空。然而他没有却步，继续往前走。当潜艇到达废船之间的缺口时，遇到一股强烈的汐流，汐流涌着潜艇向前直冲，普林突然有一种不祥之兆。一根 12 英寸粗的绳索横在两艘废船之间，另外还有几根 6 英寸粗的钢丝绳。钢丝绳是从废船里拉出来的，他可以清楚地看到打在钢丝绳上的漩涡在水面下不停地滚动。水流太强了，潜艇根本无法掉转船头往后撤。普林把船驶向裂口的正中间，那里的钢丝最低，希望能擦着钢丝上面过去。

当潜艇的龙骨碰到钢丝并开始从上面滑过时，铁和铁相碰发出吱吱的声音，回音通过船体传到 50 名船员的耳朵里，把他们吓了一身冷汗。他们以为撞到了水雷，顷刻之间就要被炸成碎片。他们没有听到爆炸声，船安全地从钢丝上滑过，令人心颤的声音也停止了。然而，麻烦没有就此结束。摩擦使得潜艇向右转，船身震动了一下之后被牢牢地卡死了。

普林用舵和发动机配合，想使船身移动位置，可无济于事。如果到拂晓时潜艇还卡在这里，那 50 名船员和潜艇就都属于英国了。为了减轻船的重量，普林下令把潜水箱里的水排出，这部分水的作用是压着船往下沉。把水全部放出后，U-47 号立即开始在水里自由地漂浮了。普林与水流搏斗，终于将船稳定了下来，然后把船头调向西，驶入斯卡珀湾的夜色里。

普林用他的夜间双筒望远镜在水面上四处寻找，希望在地平线上找到英国舰队的影子。令他吃惊的是，水面上空空的。他往西行驶了3.5英里，用望远镜搜查了一番，还是一无所获。他们犯了一个天大的错误——英国的近海舰队根本没有在斯卡珀湾。普林此时绝望了，他顺原路折回，之后又向北拐，去探查港口的东北角，那是他唯一没有搜过的角落。终于有一个长长的影子在港湾的水面上出现了。当他离得更近时，皇家栎木号战舰的上层结构清晰可见。离那艘战舰大约1英里的地方，隐隐约约地还有一艘英国军舰。普林以为都是战列舰，事实上，另一艘是皇家海军飞马号护航舰。

午夜刚过，普林开始动手。他命令3枚鱼雷成扇形射出，一枚射向了较远的那艘舰船，另外两枚射向较近的、拉着长长影子的栎木号。每发出一枚鱼雷，潜艇就弹一下。德国船员静静地等待爆炸声。

一枚鱼雷击中了皇家栎木号军舰的前部，在龙骨附近炸开了一个大洞。这突然的袭击足以致命，然而爆炸声因被船体蒙住而降低，船上没有响起警笛。普林在船上以为有一枚鱼雷击中了较远的那艘船，另外两枚浪费了。似乎也没遇到什么困难，所以普林调转船尾，对准目标发射了船尾的鱼雷，显然又没有击中目标。之后他一边向南撤退，船员们一边往5个发射管装鱼雷。

18分钟之后，准备工作做好了，他又开始射击。这一次击中了3个关键目标，其中一枚鱼雷引燃了皇家栎木号的弹药库，巨大的爆炸声之后各种各样的铁碎片像雪片一样在港口里乱飞。大船立即向右侧倾斜，之后翻倒。被困在船舱里的1200名船员大部分没有逃走的机会。距第一枚鱼雷爆炸不到半个小时，战舰就带着833条人命沉入海底。飞马号则平平安安地逃走了。

普林和他的战友们清清楚楚地听到了爆炸声。致命的打击已经完成，该撤退了。由于潮水快速地退落，普林选择了船舶封锁区南边的一个又深又窄的通道。幸运的是，在出口处没有钢丝。被强烈的水流带动着，这条德国潜艇大模大样地从一个小岛和沉船之间的窄道里驶了出来，船距两边只有一步之遥。自进入斯卡珀湾至回到北海的安全地带，U-47号只用了两个小时的时间。

胜利的消息不断传来。邓尼茨推算，如果普林袭击成功，英国的舰队会分散到其他的港口，直到斯卡珀湾平静为止。在此次行动之前，邓尼茨已经命令他的潜艇在3个最可能去的港口——埃维、福斯和克莱德布下水雷。邓尼茨的预感是对的，不过英国人的行动比他的动作快。当10月10日普林朝目的地进发时，大部分英国军舰已经离开了斯卡珀湾，它们的确害怕遭受潜艇的袭击，只剩下皇家栎木号、飞马号和几艘辅助艇留在那里。其他的军舰都分散了——直接进入了邓尼茨的埋伏圈。德国的水雷在福斯港严重炸毁了一艘新的巡洋舰，在埃维港的入口处炸毁了战列舰尼尔森号。

回到威廉港，普林和他的船员们被当成大英雄受到夹道欢迎。港口有军乐队奏乐，有欢迎的人群，还有两个喜气洋洋的将军——雷德尔和邓尼茨——他们两位给普林和全体船员每个人颁发了一枚铁十字勋章。他们还飞到柏林参加游行和记者报告会，希特勒向普林授予骑士十字勋章。

令邓尼茨欣喜若狂的是，希特勒放松了对潜艇战的约束。对任何敌国的商船无须警告即可攻击，对客船，一旦它们发信号求救即可攻打。邓尼茨已经秘密地吩咐他的指挥官，消灭任何在海面上闭灯行驶的船只，因为它们很有可能是英国船队。

为了保证他的船员们的安全，邓尼茨又发布了一道严格的命令。他的潜艇工作人员许多次为了营救被他们击毁的船上的乘客和船员，都采取了非常措施。10 月，在爱尔兰海岸附近 U–35 号潜艇上的工作人员把将要下沉的戴厄曼蒂斯号船上的船员转移到救生船上，然后把救生船及时拖到岸边。邓尼茨认为如此努力会危及潜艇的安全，于是向指挥官们发出命令："不要营救一个人，也不要把任何外人带到船上。照顾好你们自己的船，力争尽快地取得下一个胜利。战争是

进入英国的海军基地

像德国潜艇早期袭击北海一样，对斯卡珀湾英国皇家海军的袭击也令人震惊，使英国皇家海军坚不可摧的形象成为过去。1939 年 10 月 8 日，京特尔·普林带着 U–47 号潜艇从基尔老窝出发，通过基尔运河，向西北方向行驶，直逼苏格兰的最北端。

10 月 13 日，U–47 号潜入奥克尼群岛外围。普林在夜幕的掩护下升出水面，悄悄地向克桑德移动，这是通向几乎被陆地包围的港湾的狭窄通道之一。之后蜿蜒闯过了两艘沉入水中的用来封锁的船之间的一个小缺口，一会儿工夫，它就独自在斯卡珀湾阴暗的水里自由地活动了。

不幸的是，普林发现那里的水面空空的。英国的本土舰队转移到了另外一个停泊地点。然而缓缓向北行驶之后，普林看到了一个巨大的影子：正在修理中的皇家栎木号战列舰。他第一次发射完鱼雷之后没见动静，转了一圈儿，期间又装上鱼雷，回来进攻。这次 3 枚鱼雷击中舰船，几乎把 29000 吨的战列舰炸成碎片，船上的 833 名船员全部遇难。

兴高采烈的普林快速地往克桑德返回，勉强从另外一个缺口通过，之后很快穿过北海驶往威廉港——他和他的战友们在那里受到了热烈欢迎。

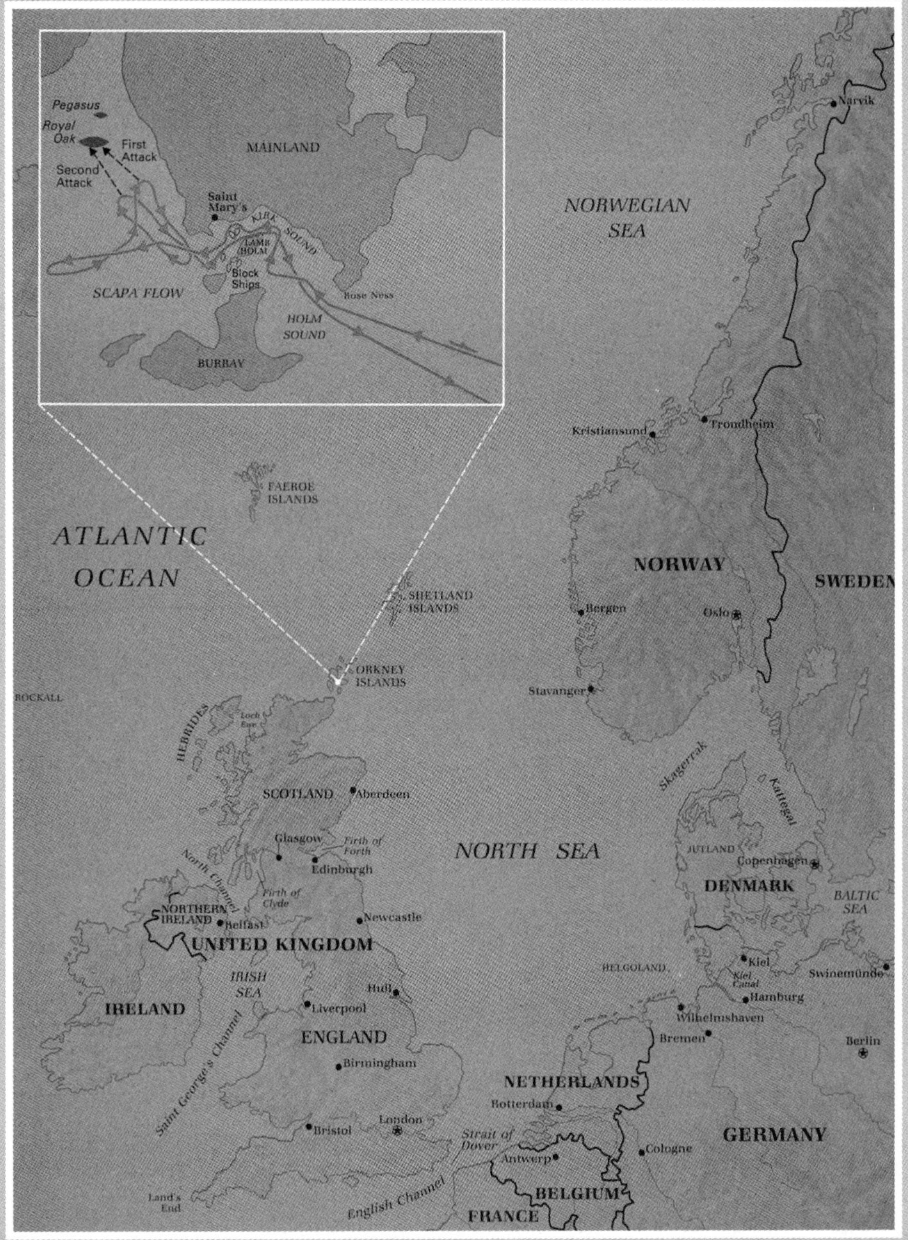
Pegasus
Royal Oak
First Attack
Second Attack
MAINLAND
Saint Mary's
KIRK SOUND
LAMB HOLM
Block Ships
SCAPA FLOW
Rose Ness
HOLM SOUND
BURRAY
NORWEGIAN SEA
Narvik
Kristiansund
Trondheim
FAEROE ISLANDS
ATLANTIC OCEAN
NORWAY
SWEDEN
SHETLAND ISLANDS
Bergen
Oslo
ORKNEY ISLANDS
ROCKALL
Stavanger
HEBRIDES
Loch Ewe
Skagerrak
Kattegat
SCOTLAND
Aberdeen
Glasgow
Firth of Forth
Edinburgh
NORTH SEA
JUTLAND
Copenhagen
DENMARK
BALTIC SEA
North Channel
Firth of Clyde
NORTHERN IRELAND
Belfast
Newcastle
UNITED KINGDOM
HELGOLAND
Kiel
Kiel Canal
Swinemünde
IRISH SEA
Hull
Hamburg
IRELAND
Liverpool
Wilhelmshaven
ENGLAND
Bremen
Berlin
Saint George's Channel
Birmingham
NETHERLANDS
Rotterdam
London
Bristol
Strait of Dover
GERMANY
Cologne
Antwerp
BELGIUM
Land's End
English Channel
FRANCE

无情的，现实是残酷的。”虽然如此，一些潜艇上的指挥官还是继续帮助他们用鱼雷袭击过的船上的工作人员。

如果邓尼茨的潜艇运转正常的话，那德国潜艇给盟军造成的损失会是灾难性的。他越来越清楚地意识到有些事情出了严重的问题。从 9 月到 10 月，分散在各地的潜艇不断发回鱼雷发生故障的消息。最初，故障的原因归结于船员没有经验。但在海上待的时间越长，经验不足造成过失的可能性也就越小。普林首次在斯卡珀湾发生的故障对鱼雷进一步提出了疑问。同样的事故接连不断地发生。

10 月 17 日，在一次潜艇舰队的协同作战中，3 艘潜艇同时向一艘护航船不停地开火，但是仅有几枚击中了。10 月 30 日，U−56 号潜艇的船长发现了一支由 13 艘军舰组成的英国舰队，其中有 3 艘战列舰、10 艘驱逐舰。他鼓足勇气鲁莽地逼近，确定尼尔森号战舰作为他的攻击目标之后发射了 3 枚鱼雷。就在他调头逃命之前，听到了鱼雷碰到战舰发出了一连串沉闷的砰砰声，可没有一个爆炸。那个船长因没有引爆鱼雷而心烦意乱，无法继续指挥潜艇作战，以致邓尼茨不得不重新分配他去接受培训。

到现在事实很明显了。邓尼茨 10 月 31 日在他的日记里气愤地写道：“我们的鱼雷至少 30% 是哑弹。它们不能引爆或者会偏离目标。指挥官一定对他们的鱼

（上左）10月17日，修船厂的全体工作人员庆祝斯卡珀湾英国战列舰栎木号沉入大海，欢迎U-47号返回威廉港。
（上右）希特勒的私人飞机很快把艇上的全体工作人员接到柏林，在那里庆贺游街。
（下）希特勒授予艇长京特尔·普林铁十字骑士勋章。

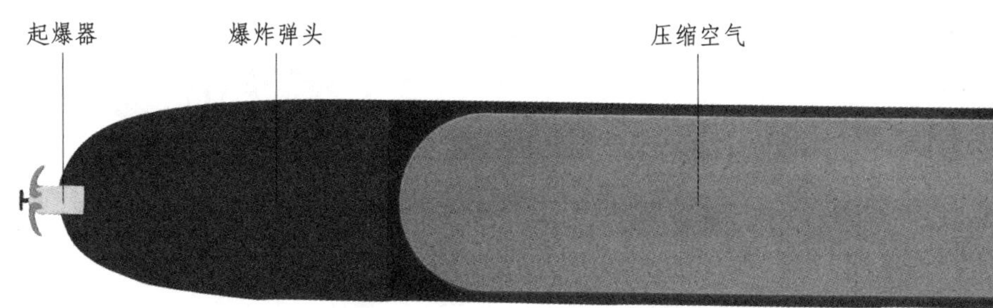

雷失去了信心。”更加糟糕的是，船的损失速度惊人——到10月底损失了7艘船，它们都是在水面上被击中的。面对如此惨重的损失，他写道：“如果不想办法控制，必将导致潜艇作战处于瘫痪状态。”

修复破损的潜艇所用的时间比邓尼茨预想的更长，在1939—1940年冬天的几个月里，他只能在大西洋部署6艘潜艇。这使他感到心灰意冷，暂时放弃了反护航狼群战术。英国海军上将从统计数字里感到安慰：“在开始的6个月里，被德国潜艇击沉的146艘船中，只有7艘是在有反潜船护航的情况下被击沉的。”

整个冬天，邓尼茨都在为舰队的机械故障而操劳。VII型潜艇上的发动机悬置太轻，并且劳损得比较早，需要较长的维修周期。发动机排气装置上的海水阀的设计缺点造成了损失。邓尼茨猜测，泄漏阀使得一些船在水上进攻时被敌人击沉。

然而，最致命的缺陷还是影响鱼雷爆炸的严重问

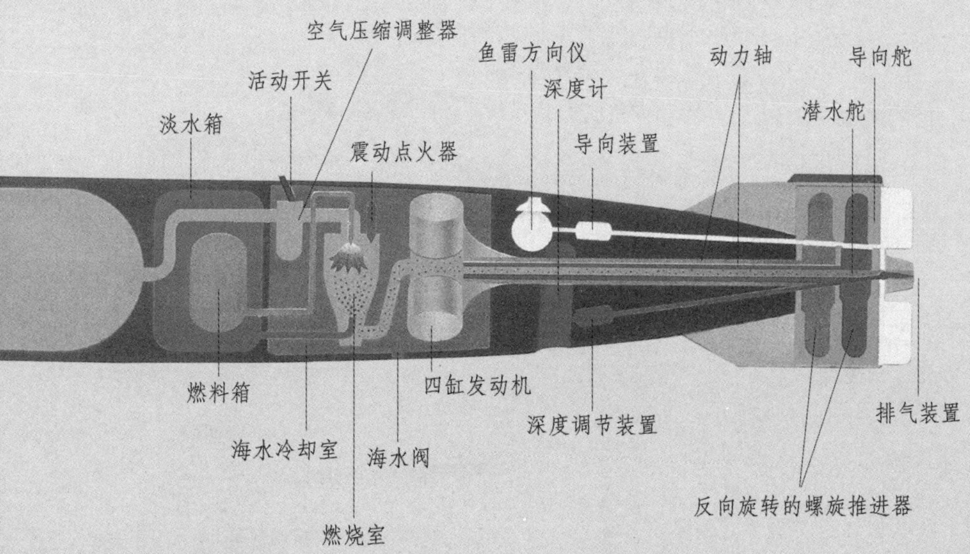

鱼雷的结构原理

德国用于切断支持大英帝国海上交通线的鱼雷是一种复杂的机器，它由自己的发动机作动力，并且有独立的导向系统。早期用于战争的标准样式是G7a。运转的关键是几乎占据23英尺长钢套管一半空间的一箱压缩空气。

当鱼雷被发射后，它在通过鱼雷的发射管时会松开活动开关。被压缩到每平方英寸3000磅的空气，通过一个细小的管子突然向后推动。经过压力调节器调整后，空气进入燃烧室，流过另外的管道，同时也起动了鱼雷的机械系统。

在燃烧室里，有一个像火花塞一样的震动点火器，点燃附近箱子里的压缩空气和燃料的混合物。高温把淡水变成蒸气，高温气体推动鱼雷的小型四缸发动机，相应地转动一对空心动力轴，其中一个轴套在另外一个轴里面。轴带动两个螺旋推进器转动，它们的转动方向是相反的，以致不会使鱼雷偏离航向。

保持方向是方向仪的作用，方向仪在压缩空气的作用下，以一种预先调整的各种速度转动：30节、40节或44节。它能够识别鱼雷目标路线的偏差并适时启动小发动机，改变导向舵的设定。深度计及其调节装置保证鱼雷按要求的深度行驶。

早期的G7a鱼雷上的爆炸弹头上有简单的接触起爆器，但是，就是这种起爆器上也有一个精妙的机械装置：一个小螺旋推进器，在起爆器爆炸并点燃主炸弹烈性炸药之前必须在水中向前推进90英尺。此装置保证弹头不会过早地爆炸而毁坏潜艇。

掌握射击技术

目标船
首向角
鱼雷发射角
德国潜水艇

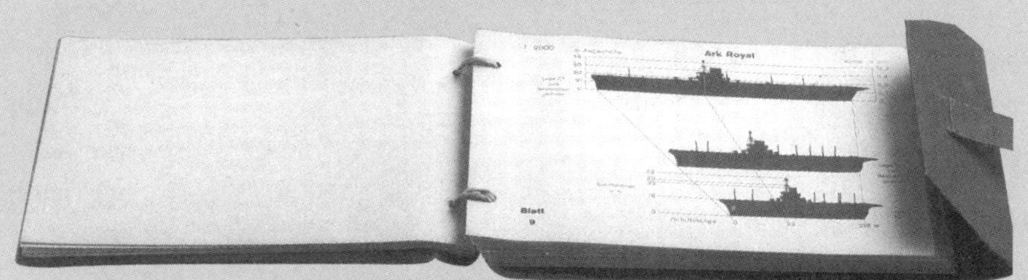

皇家栎木号以3个角度出现在一本潜艇的鉴定书里。

与普通的理念相反，用鱼雷从一个像潜艇这样活动的平台上攻击一个动的目标是不容易的。这要求勇气、耐性、同步联合作业和一些船长天生就有而其他人从来不能具备的射击天赋。

当可容纳5人的驾驶台上的哨兵从远处地平线上看到船只时就要开始盘问：是朋友还是敌人？是军舰还是货船？吃水深度是多少（这会决定鱼雷在水里的深度）？潜艇军官们要学会认识轮船的轮廓，他们随身携带一本手册，手册上标明了敌船的舷侧及45度、60度首向角的轮廓。

更进一步的要求是判断远处船只的速度和方向，并且在距离和方位不断变化的情况下计算出如何攻击船只。位置的调整要花数天的工夫。直接射击是最简单的——瞄准船头目标、鱼雷到达、点火爆炸。可情况很少是这样的，常常是潜艇在平行移动时射击，或者向相反的方向行驶时把鱼雷调整一个角度，如图所示。

发射角可以计算出来，因为潜艇上有一台鱼雷数据计算机。这个机械计算机储存了类似这样一些信息：潜艇的位置，船长估计的目标船的速度、距离和路线。经过必要的数学运算——当变量改变时数据作相应调整——计算机把处理结果传递到鱼雷工作室，据此工作人员在鱼雷方向仪上调整发射角。鱼雷一旦被发射出去，先直行几码，然后按照方向仪设定的角度拐弯——如果船长、计算机和船员准确无误地完成了各自的工作——鱼雷将会狙击到目标。

题。第一次世界大战期间鱼雷的动力来自汽油发动机，发动机靠压缩空气支撑，简单且非常可靠。不过这些发动机排出的气体会在水面上形成气泡，使敌人的船只能轻而易举地避开鱼雷的攻击，之后还可以追捕发射鱼雷的潜艇。新的无排气电动机的运用解决了这个问题，但是重新设计又产生了新的缺陷。

早期的鱼雷完全是靠接触引爆，当鱼雷碰到船时，一枚简单的撞针即可引爆炸药。在新型的鱼雷上，该机械装置被一种更加复杂的装置所替代，此装置是通过一系列的控制杆和连接装置传递爆炸的。不知道什么原因，新型的引爆装置经常失效，如果鱼雷以斜角方向碰到目标时就无法引爆。

在发明了电磁点火装置之后，机械点火的鱼雷已经被淘汰了。这种类型的雷管包括一个在舰船磁场的作用下引爆鱼雷的传感器。理论上，鱼雷在船下会立即爆炸，爆炸引起的震动会破坏船的龙骨，这对船的损害显然要比在船的一侧爆炸严重得多。然而，实际上磁性鱼雷经过证明并非如此：不是早爆炸就是晚爆炸，或者根本就不爆炸。另外还发现物理震动会引起爆炸，这对发射鱼雷的潜艇来说是一种危险。地球引力的变化或海底矿石的出现也都严重地影响鱼雷的引爆。此外，由于某种原因，机械的和磁性的鱼雷都存在一个共同的弊病，鱼雷的入水深度，比设计要求深得多。

邓尼茨还没来得及弄明白这些问题，就接到一个非常重要的新任务。1939 年末，希特勒决定推迟进攻西欧的计划，为的是侵略挪威和丹麦。计划的改变主要是受了海军上将雷德尔的影响。这两个斯堪的纳维亚国家对德国海军至关重要，因为它们控制着具有战略意义的斯卡格拉克海峡——进入波罗的海的瓶颈通道。挪威崎岖的海岸线，很容易进入北大西洋，也为军舰和潜艇提供了理想的港口。另外，从瑞典运往德国钢厂的一半以上的铁矿石，要经过挪威北部的纳尔维克港，特别是在冬季，只能从那里经过。

希特勒本来愿意让挪威保持中立，不过有消息说英国即将入侵，这才促使他进攻挪威，目的是和英国抢占大西洋的有利地形。2 月 5 日，邓尼茨接到命令，保护德国侵略军免受英国舰队的干扰。元首一直犹豫不定，直到 4 月 1 日才决定 4 月 9 日实施袭击。德军行动大胆，计划周密。借着黎明前黑暗的掩护，满载官兵的德国舰船驶入了挪威的 5 个主要海港。这个国家震惊了，很快发现它的港口、飞机场和通信网络掌握在了侵略者手里。挪威人民勇敢地进行了还击，而丹麦几乎没有抵抗，数小时之后就沦陷了。

巧合的是，德国侵略舰队把瑞典铁矿石运往德国南部的途中，撞上了在近海海峡布雷的英国海上远征军。在随后的大多数冲突中，德国受到了重创。4 月 10 日，5 艘英国驱逐舰驶进了纳尔维克港，击沉了两艘德国驱逐舰，击毁了 3 艘，接着把能看见的货船悉数击沉。

德国 5 艘驱逐舰马上赶到，把攻击者赶跑。但是，3 天之后一艘英国战舰带着一队驱逐舰来到了纳尔维克港，几乎击沉了所有的德国船只，仅剩一艘补给船漂浮在水面上。

尽管如此，德国仍然牢牢地控制着纳尔维克港及其他主要港口。英国为了把德国人驱逐出去，动用了远征军，并派遣部队在重要的海角登陆。首批上岸的大多数是没有经过很好训练的士兵，他们仅带了两天的补给，并且缺乏基本的地图和设备。英国兵都没有带雪橇，要想穿过冰天雪地的挪威而没有雪橇几乎是不可能的。英国部队也无法与以壕沟作为防护的德军抗衡。然而，海上情况却截然相反，雷德尔的海军继续蒙受着巨大的损失。

邓尼茨的潜艇应该去拯救这种局面，可它们也有自己的困难。邓尼茨把所有的潜艇聚集在一起，一共是 31 艘。每一个港口的沿岸平均布置 2 ～ 5 艘，不过他对它们在狭窄的海湾里的表现不抱多大希望。他把主要精力放在挪威的西南岸和靠近设得兰群岛（英国）和奥克尼群岛（英国）的海域，那里是英国军舰和援兵的必经之路。

对纳尔维克造成重创的英国驱逐舰在巨大的暴风雪中绕过了防卫的德国潜艇。英国人从一艘德国船上发现了一张德国潜艇部署图，他们用这张图避免了与水里敌人的遭遇。所以，德国潜艇的运气不好。然而，那些和英国接触过的德国潜艇的船长们在失败中都积累了许多经验。

4 月 15 日，普林在 U–47 号潜艇上偶遇运送英国部队的 6 艘船正从一个小海湾里登陆。运输船和它们的驱逐护卫队都已下锚，普林小心地向他们发射了船头上的 4 枚鱼雷，没有一枚爆炸。英军没有发现德国潜艇正在向它们发动攻击。普林重新装好了鱼雷，他和他的军官们非常仔细地检查了底座和调节器，午夜之后，他又把鱼雷都发射了出去。前 3 枚鱼雷呼呼地进入了黑暗的水里，没听到回声，但是第四枚爆炸了，不过它摇摇晃晃地偏离了方向，撞到了一块陡峭的石头上。受到惊吓的驱逐舰用一颗颗深水炸弹做出了回答，U–47 号潜艇差一点被击沉，勉强逃出了围攻。

这种经历不仅典型，而且具有普遍性。在挪威期间德国潜艇发动了 38 次进攻，只击沉了一艘军舰、一艘运输船。电磁引爆的鱼雷有一半提前爆炸，安装机械引爆器的鱼雷几乎全是哑弹。对在潜艇上发生的事情邓尼茨早有预见。鱼雷的性能“无法忍受”，他愤怒地说，“真是荒谬，实际上潜艇没装武器。我从来没有听说过人类战争史上居然有用如此无用的武器来对付敌人的。”

邓尼茨召回了他的潜艇，强烈要求搞一次调查。雷德尔答应了。一个月之后，挪威的战火停息了，英军撤退，德军牢牢地控制了那个地区，潜艇特别委员

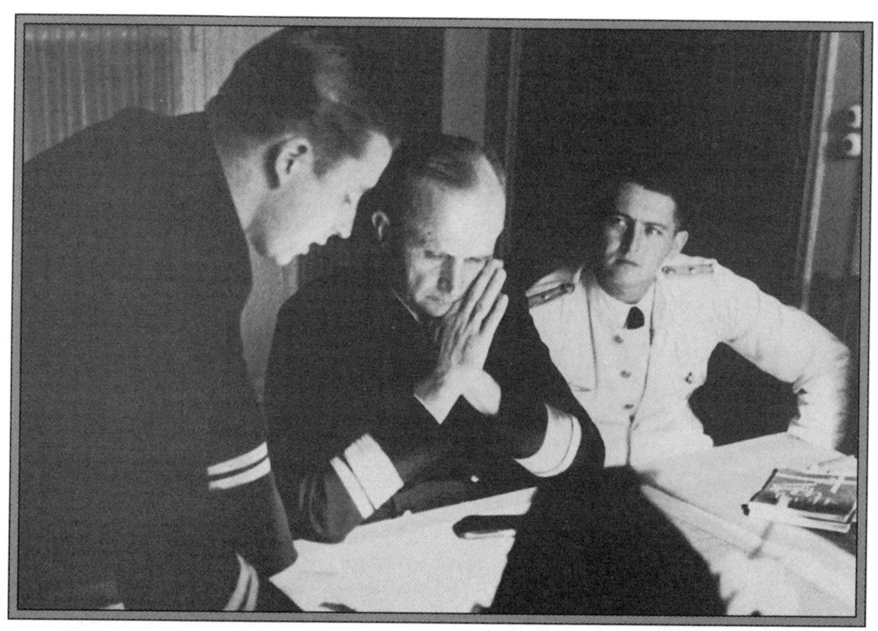

一名年轻的指挥官（左）巡逻回来，亲自向邓尼茨和他的副官（穿白制服）汇报。邓尼茨以前的成功得到大家的认可而被提升为海军少将。

会的调查报告更让邓尼茨气愤。他那时候写道："事实比预料的还糟。"特别委员会发现，新型的电磁引爆器仅仅进行了两枚鱼雷的试验，并且是在有缺陷的情况下仓促生产出来的。委员会还宣布，重新设计的机械引爆器特别复杂，出现故障是预料之中的事。邓尼茨禁用电磁引爆器，强烈要求尽快提供比较简单、可靠的机械点火装置。然而，鱼雷的问题没有完全被查出来，两年之后才在那个装置上发现了一个基本的设计缺点——深度控制不准。深度靠一个装着标准大气压空气的平衡舱来控制，但是，平衡舱密封性非常差，潜艇里的压缩空气进入平衡舱，使得鱼雷在行进中比设定深度低好几英尺。

即便是邓尼茨在1940年4月改进了鱼雷，他的潜艇也发挥不了多大效力。在战争最初的8个月中，船被打坏了，船员们筋疲力尽。士兵们需要恢复体力，潜艇需要大修。修整后重返大西洋的时间要在6月以后，这期间战争一天也没有停止。

被俘的掠夺者的内部结构

进入德国潜艇就像进入错综复杂的地狱。一名海军少尉登上潜艇之后描述了最初的经历："我的头重重地碰到管子上、手轮上和操作杆上，碰到了分隔水密舱的圆圆的开口。"其他的人也证实，潜艇不是为人舒服设计的，而是为安置提供动力和驱动船体的机器而设计的。普通的潜艇仅仅20英尺宽，并且内部还被外壳和内壁之间的间隙占去了许多空间——这间隙包括盛燃料、安放电池的空间，以及当上浮或下潜时充溢空气或水的空间。

德国人安全地隐藏了它的潜艇程序，很少在伤残的潜艇上找到完整的资料。1944年6月，由丹尼尔·V.加勒里上校领导的一支美国海军特遣部队挫败并且俘虏了U-505号德国潜艇。这艘潜艇长252英尺，属于IXC型，可载鱼雷22枚。美国人登上了这艘船，并且把它拖走，从这艘船上得到了有价值的数据，后来该船成为芝加哥科学与工业博物馆的永久展品。U-505号包含有一系列的水密舱（如图），由舱口相连，在紧急情况下舱口可以封起来。船头和船尾的鱼雷室兼作船员们的营房。中间的空间是军官的寝室、厨房、声呐、无线电室和控制室、用于水面上行驶的柴油机室、用于深水巡航的电动机室。

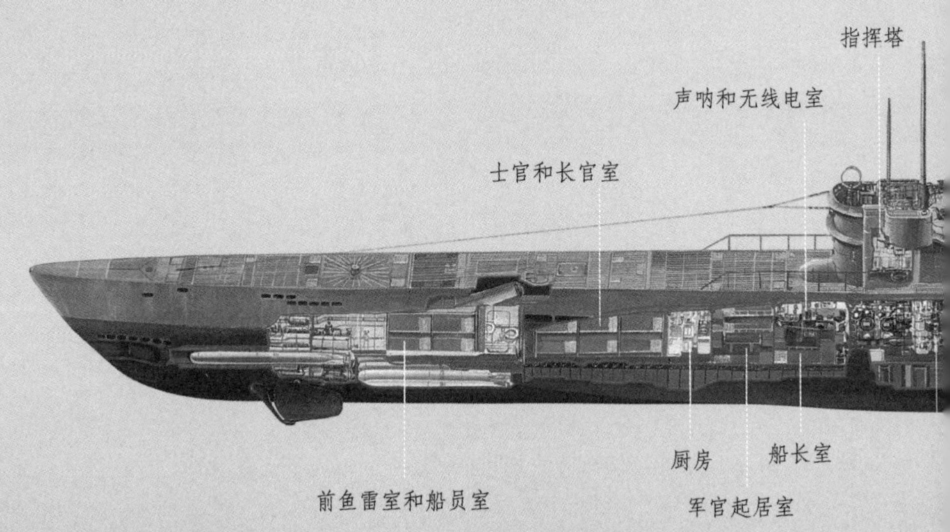

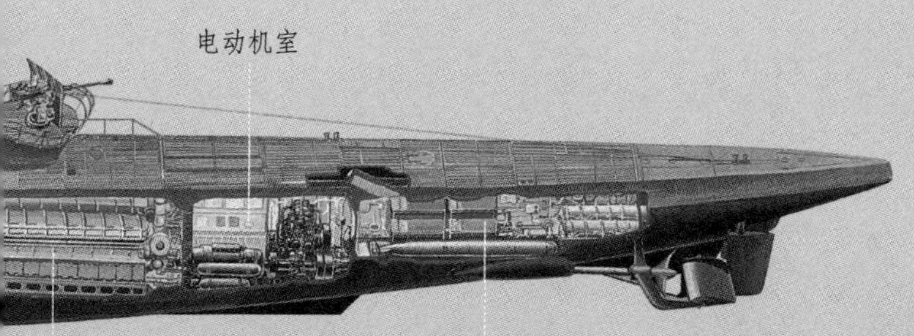
电动机室
后鱼雷室和船员室
柴油机室

前鱼雷室和船员室

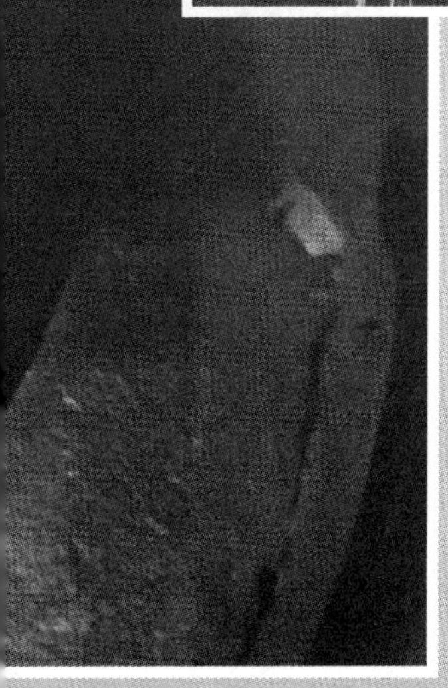

左面是U-505号船头鱼雷室面向船头的一个视图，展示了折叠铺对面21英尺长的存入发射管里的一枚鱼雷。每个床铺由两个船员共用，两个人轮班工作和休息。当船全副武装的时候，船头4枚鱼雷在发射管里准备发射，5枚在这里保存，8枚保存在压力舱之外的弹管中，5枚放在后鱼雷室。

上图是U-505号潜艇发射鱼雷的4个准备步骤图：从左下方一个顺时针方向转发射管插栓，打开装弹，鱼雷部分进入，鱼雷全部进入并且推进器露出来。发射时一股压缩空气把鱼雷从发射管中送出。之后鱼雷上的电动机开始工作，推动着弹头以30节的速度前进，毫无踪迹地冲向舰船。

厨房和军官起居室

在厨房里（下图），备有一个电炉和一个水槽，限量供应从海水蒸馏出来的淡水，可以供全船60名军官和战士用餐。仅仅是一些容易腐烂的食品放在小冰箱里。

单独的床铺和相当大的隔间，隔间里有玻璃面小橱，这是军官起居室和士兵住所的区别。军官们不再喜欢独居一处，而更喜欢士兵们的住处。他们的隔间位于中心，人们来来往往，自由穿过。

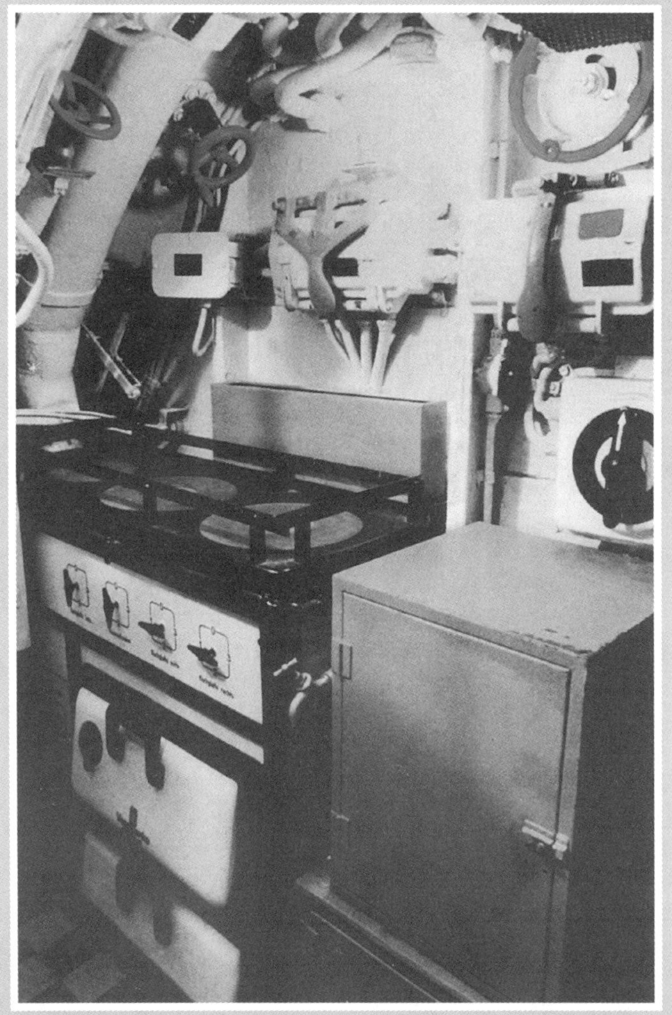

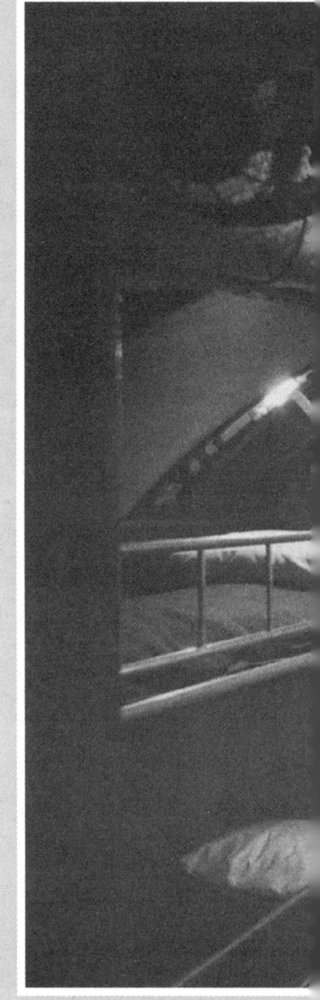

无线电室
和船长室

在船长室对面这个小空间里，操作员戴着挂在左边的那个耳机，通过上面的无线电设备接收和发送编码信号。其他物品还有一个地球仪、一台打字机和与船上广播系统相连的一台留声机。

船长的宿舍有足够的空间，里面有一个通话管，有一个盥洗盆，盥洗盆上面的盖当成写字台。船长可以用帘把自己隔起来，不过他大部分时间不挂帘，他的官兵们需要看到他沉着和果断的神情。

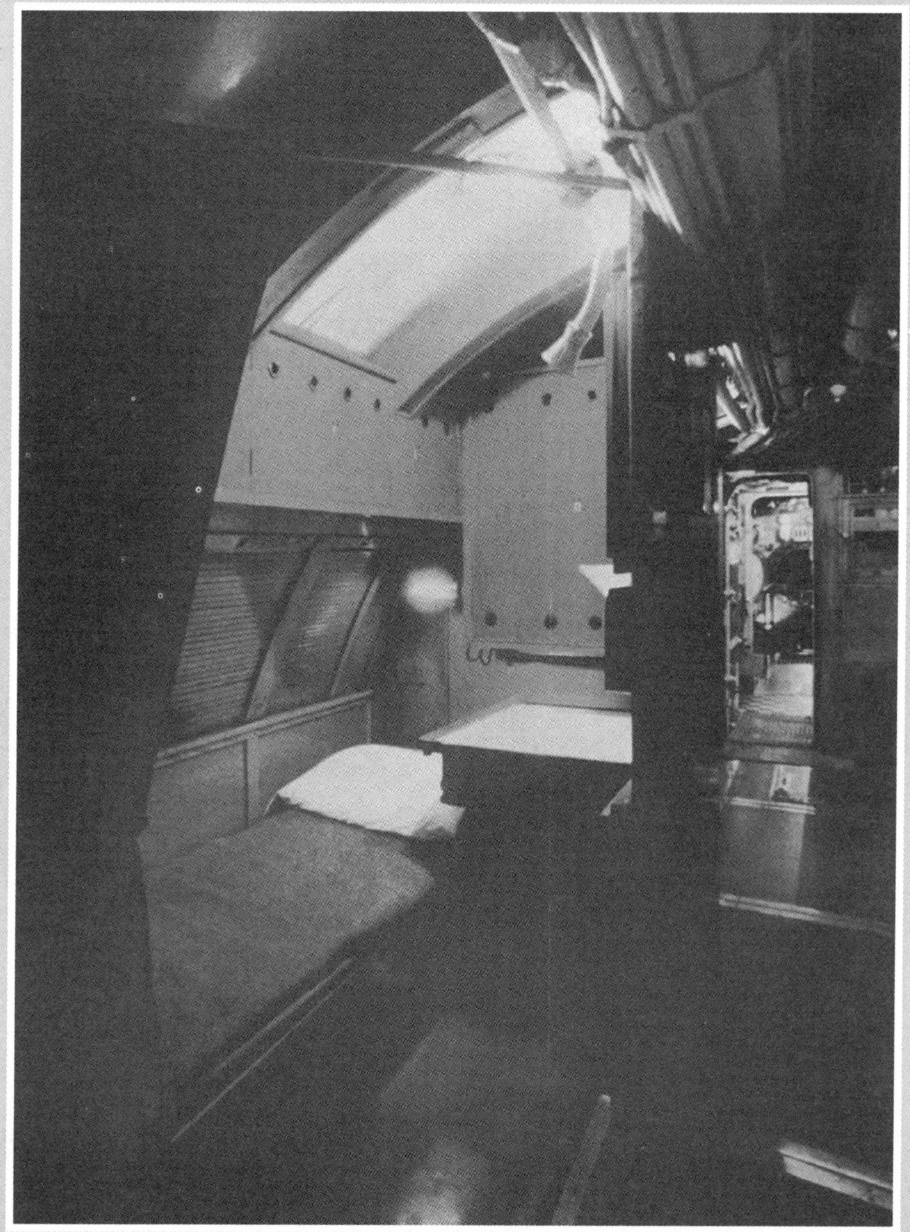

控制室

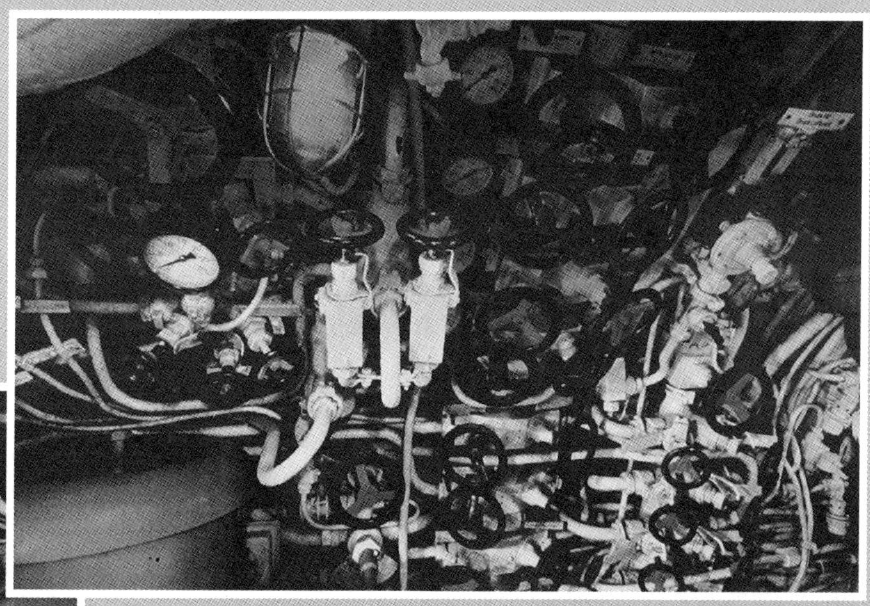

控制室——一堆阀门、仪表、手轮和管道——是潜艇的神经中枢，机械师们在这里掌舵、使船保持平衡和监控船的运转性能。船员们为了逃避侦察，转动两个大轮子（左图），调节船头和船尾上的水平舵，使得船浮起或下沉。

舱壁上和头顶上的阀门（上图）在正常和高压下调节空气的运动，实现一系列的基本功能。控制室中央的梯子直通指挥塔，船长在指挥塔上指挥航行，用潜望镜探视。船长的命令通过接在潜望镜上的通话管传到其他部位。

柴油机室

当U-505号在水面上行驶时，由两组9缸2170马力柴油机（右图）带动一对船尾的螺旋推进器，最高速度达到19节。柴油机还带动临近室的发动机，为发电室的电池充电。每个柴油机都有自己的一套控制器和监视器（左图），包括9个缸各自的温度表。汽缸通过海水冷却。发动机命令传递机的刻度盘表示从控制室和指挥塔发来的需要的速度和潜艇的方向——从全速前进变成停止、后退，或警告潜水。这使得轮机员们迅速做出反应，不用再等手势或透过柴油机的噪音去听口头命令。

发动机室

在潜艇结构中最重要的是空气压缩机(下面左图)，由右图中的其中一台发动机带动。给柴油机注燃料、发射鱼雷、为快速地上升吹走内外壁之间的沉浮箱里面的水等等一系列行为中，压缩的空气是必不可少的。

潜艇的电站（下面右图）由两组发电机——过道两边各一个——一个控制面板以及可看到的密封门组成。当潜艇在水面上时，由柴油机带动，发电机发出的电给潜艇上的电池充电；当潜艇潜水时，电池反过来带动发电机组，使潜艇以最高7.5节的速度前进。

后鱼雷室和船员室

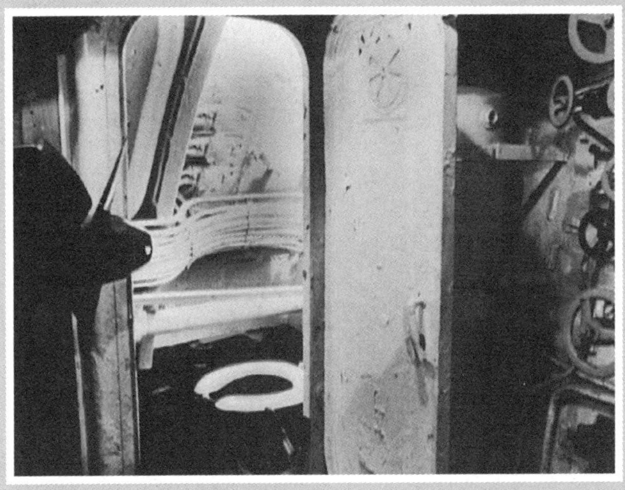

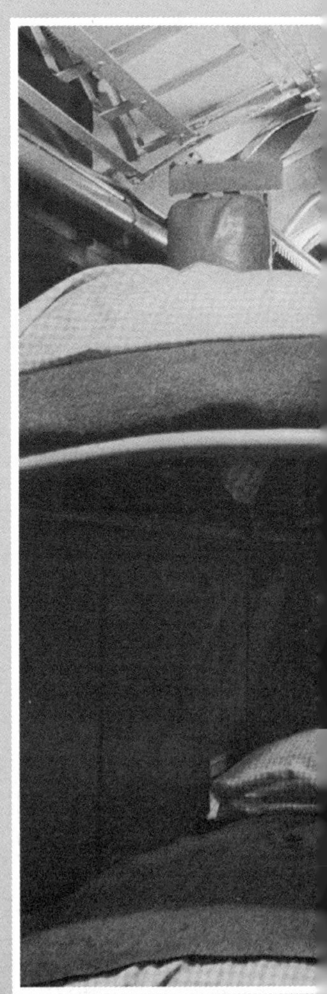

U-505号上配有两个盥洗室，一个在前鱼雷室，另一个在后鱼雷室。由于前面通常放补给品或为病人专用，船员们常常是排队在后面上厕所和洗漱。在80英尺深时，两端都不能使用，这时只能在柴油机室里的水桶里解手。后鱼雷室包括16个人占的8个铺位、两个鱼雷发射管（后台）和一个辅助舵轮，这个辅助舵轮是万一在控制室的舵轮发生故障时手动操作的。生活在这样一个狭窄的空间里很烦人，事实上大部分时间都是站在地板上，潜艇在波涛汹涌的大海里前后左右摇晃。一个老兵回忆说，除非把自己用绳子捆在铺位上，否则他会发现与过道对面的战友同睡在一张床上。

2. 辉煌时代

挪威的征服使得德国在与英国的激烈斗争中获得了一个重要的军事基地，为德国海军进入大西洋开辟了道路，并且保证了把铁矿从中立的瑞典运往德国兵工厂的途中不受干扰。然而，海下的武装部队节节败退。不仅海军少将邓尼茨搁置了他考虑的德国潜艇的主要使命——扼制英国的海上生命线，而且他在用 31 艘潜艇之中的 4 艘围攻一艘敌船的时候反被对方击沉。幸存的船员们无比的愤怒和沮丧，把损失惨重的“功绩”归咎于不完善的鱼雷。潜艇的指挥官们一次又一次地把他们的船开进狭窄的沿海进攻地点，结果却是他们的电磁鱼雷下潜得太深，有的在错误的时间爆炸，有的根本没爆炸。在斯卡珀湾一举成名的京特尔·普林悲愤地抱怨他不能拿着“哑枪”去战斗。名叫埃伯哈特·戈特的军事指挥官非常激动地发表言论，如果不改进鱼雷，潜艇的船长们就拒绝下海，他们不能拿着潜艇和全舰船员的性命做试验。在潜艇上作战，自信对开始变得束手无策的官兵来说非常重要。邓尼茨写道，他的船长们和船员们掉进了一个“绝望的境地”。

一个潜艇上的哨兵观察一艘被鱼雷炸坏正在下沉的商船，同时潜艇向那艘商船的同伴逼近。占领法国后的几个月里，德国潜艇不停地捕杀通过大西洋而没有护卫和护卫力量不足的商船。

在以后的几周之内，邓尼茨的潜艇大部分在修船厂维修，在此期间他企图使他的官兵们振奋精神，从忧郁中摆脱出来。他视察作战小舰队和训练基地，和船员们同吃同住，并且向他们保证，他们还有仗打。但是，邓尼茨要证明自己的主张，需要的是胜利。1940 年 5 月 15 日，第一次机会来了，当时他命令维克多·欧恩少校带领 U-37 号潜艇从威廉港基地出发进入北大西洋。船上装备着不可靠的电磁引爆和经过改进的震荡引爆相结合的鱼雷，U-37 号潜艇是 3 个月以来进入大西洋的第一艘德国潜艇。欧恩的任务是守住西部大门——英吉利海峡西头的费尼斯特角西北部，那里是一个天然的“猎场”。除了尽可能多地击沉敌人的船只外，还要收集英国反潜艇防御情报：英国会改变航行路线吗？运输船队在哪儿开始有护卫队护航？它们有多大力量？敌人的空中巡逻延伸多远？

虽然欧恩从来没有指挥潜艇出海打过仗，但是对他的任命绝对是明智的。在以前的 18 个月里，他是邓尼茨司令部的一名作战参谋，并给潜艇总司令留下了“超常的聪明和果断”的印象。还是欧恩说服邓尼茨派普林的 U-47 号潜艇去斯卡珀湾的。此外，一直埋头事务的这位年轻的军官并不满足于纸上谈兵，也渴望在实际战争中检验一下他的勇气。

事实证明，欧恩没有辜负邓尼茨对他的信任。在出巡之初电磁引爆的鱼雷又出现了故障（这导致邓尼茨禁止使用它们）。然而，在海上的 26 天，U-37 号潜艇击沉了 11 艘船，共计 43000 吨之多。这次任务的圆

最快乐的狩猎场

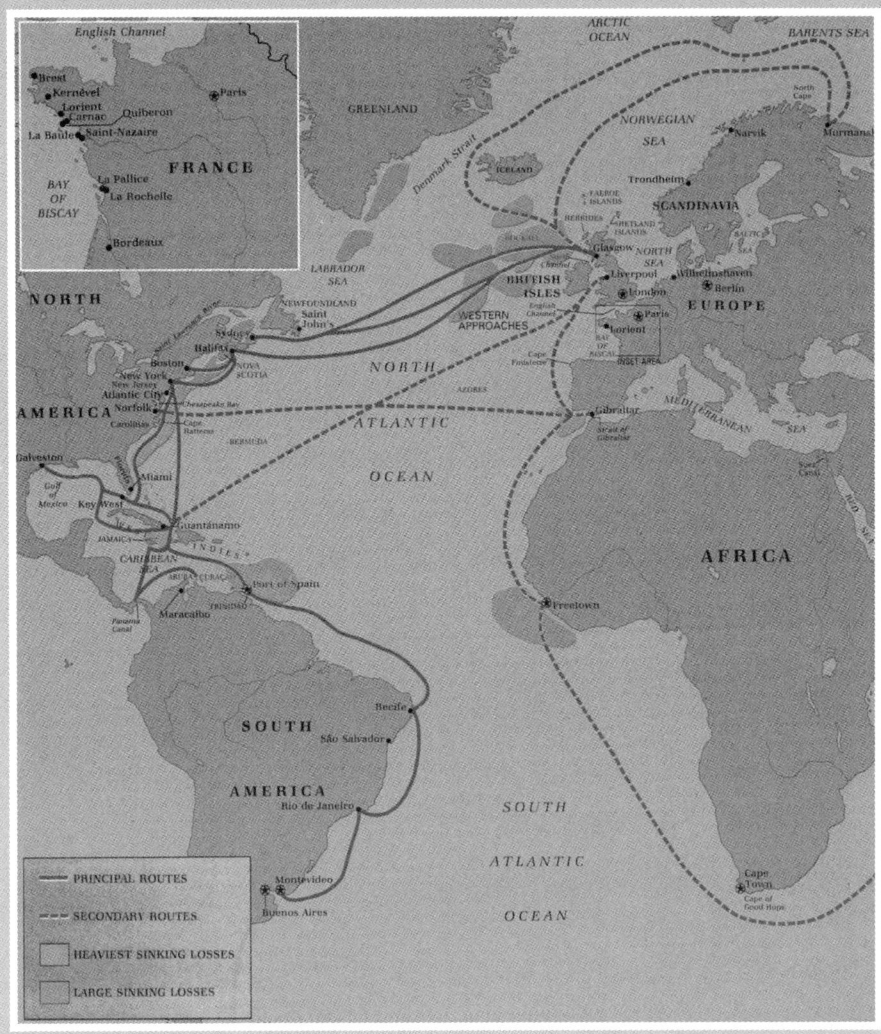

1940年6月，德国占领了法国，从此德国潜艇战有了新的转折。接管了比斯开湾的布雷斯特、洛里昂、拉帕利斯、圣纳撒、拉多谢尔和波尔多港口以后，德国潜艇能够向西部靠近爱尔兰和苏格兰，并向那里的英军船只发起进攻，那里是驶向美国的大西洋船队的聚集地。德国潜艇最后扩展到了地中海、西非、美国东部和加勒比海水域。狼群把主要精力放在图中所示的重要航海路线上。

满完成，证明英国的船还是非常易受攻击的。“坏运气的魔法被破除了，”邓尼茨后来写道，“德国潜艇的战斗力又一次得到了证实。此时已经出海的其他潜艇也确信，U-37 号能做到的它们也能做到。挪威失败的影响在心理上已经得到了克服。”

欧恩长达 5 个月的处女航行取得了空前的胜利。1940 年 6 月，虽然每次出海猎杀的潜艇不到 6 艘，但邓尼茨所谓的灰狼们共毁掉了 30 艘船，总计 284113 吨，创造了最高月纪录。德国潜艇没有损失一艘。普林的 U-47 号指挥塔上的公牛徽章在闪动，仅 U-47 号就击沉了 66000 吨船。这是潜艇水兵们不会忘记的“欢乐时光”的开端。

很快地，又涌现出了几位杰出的潜艇指挥官。7 月，U-99 号潜艇的指挥官奥托 · 克雷茨克默（他是个沉默寡言的人，他的同事们给他起了个外号叫“沉默的奥托”），在一次单独作战中击沉 7 艘敌船。8 月，U-100 号上的约阿希姆 · 斯基克，一位长得漂亮、性格活泼的小伙子，在 3 个小时之内使 5 艘船沉入海底。还是在同一个月，邓尼茨得到一个振奋人心的消息，德国国防军最高统帅部宣布全面封锁英国诸岛，并且接触了潜艇作战方面的最后约束。自此以后，德国潜艇只要遇到船只，不需提出警告就可以击沉。

猎人和猎物之间的战术的天平急剧地向有利于猎人的方向倾斜。挪威及法国大部分地区的占领，使得德

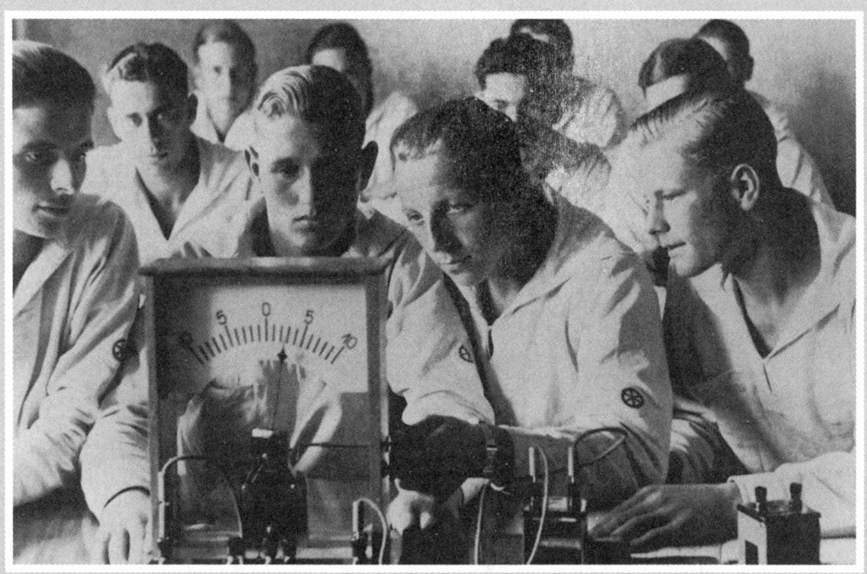

学生们聚精会神地看着万用表，他们在潜艇学校里学习关于用在他们船上的电动机的基本课程。电线一端连接电池，另一端接在表上。当电线开关闭合时，电流从电池流到表上，指针表示电流的强弱。

当电池损耗以后，电流降低，指示器指针靠近零。通过读表，船员们就可以判断至关重要的电池什么时候必须充电了。

训练适于远航的人员

潜艇上的新兵们在完成海军基本训练之后，进入潜艇学校，为在艰难的海上作战做准备。联合作业、技能以及在敌人的周围活动的能力，对打击敌人和保存自己是至关重要的，老师在学生中寻找和发现这些品质。那些不合格的——大约 90%——将在艰苦的课程中被开除。

在第一阶段，所有新兵们每天用 12 小时着重进行体能训练和潜艇内部运转课程学习。他们学习瞄准技术、航海知识、鱼雷点火和武器原理，学习怎样操作无线电、柴油机、电动机和空气压缩机，还有——也许是最重要的——在紧急状态下如何打开和关闭舱门。

新兵们在第二阶段进行专门训练。例如，潜艇艇长的候选人以值班观察员的身份登上一艘执行任务的潜艇，在真正担任艇长职务之前，再回到岸上学习指挥。与此同时，船员们还接受鱼雷技工、轮机员和无线电接线员训练。

新指挥官和他的船员们参观造船厂，在那里他们熟悉正在为他们而建造的船。一旦完工，将为他们实习所用。用两个月的时间，船长和船员们练习潜水和狼群战术。他们学习处理一些紧急情况，如舵卡死、压缩空气泄漏、泵崩裂、水泄漏等等；还模仿战争场面，不过是在比较平静的波罗的海，而不是在波涛汹涌的大西洋。

严格的训练造就了一批高素质的士兵。然而到了 1943 年，潜艇的损失量戏剧性地增加，素质差的人混入了潜艇队伍。船上的训练时间大大缩减，船员过早地参加真正的战斗，结果造成不必要的操作错误，伤亡率居高不下。许多没有经验的艇长直到战争结束时还依靠总部给他的指示，这种做法的代价非常昂贵。

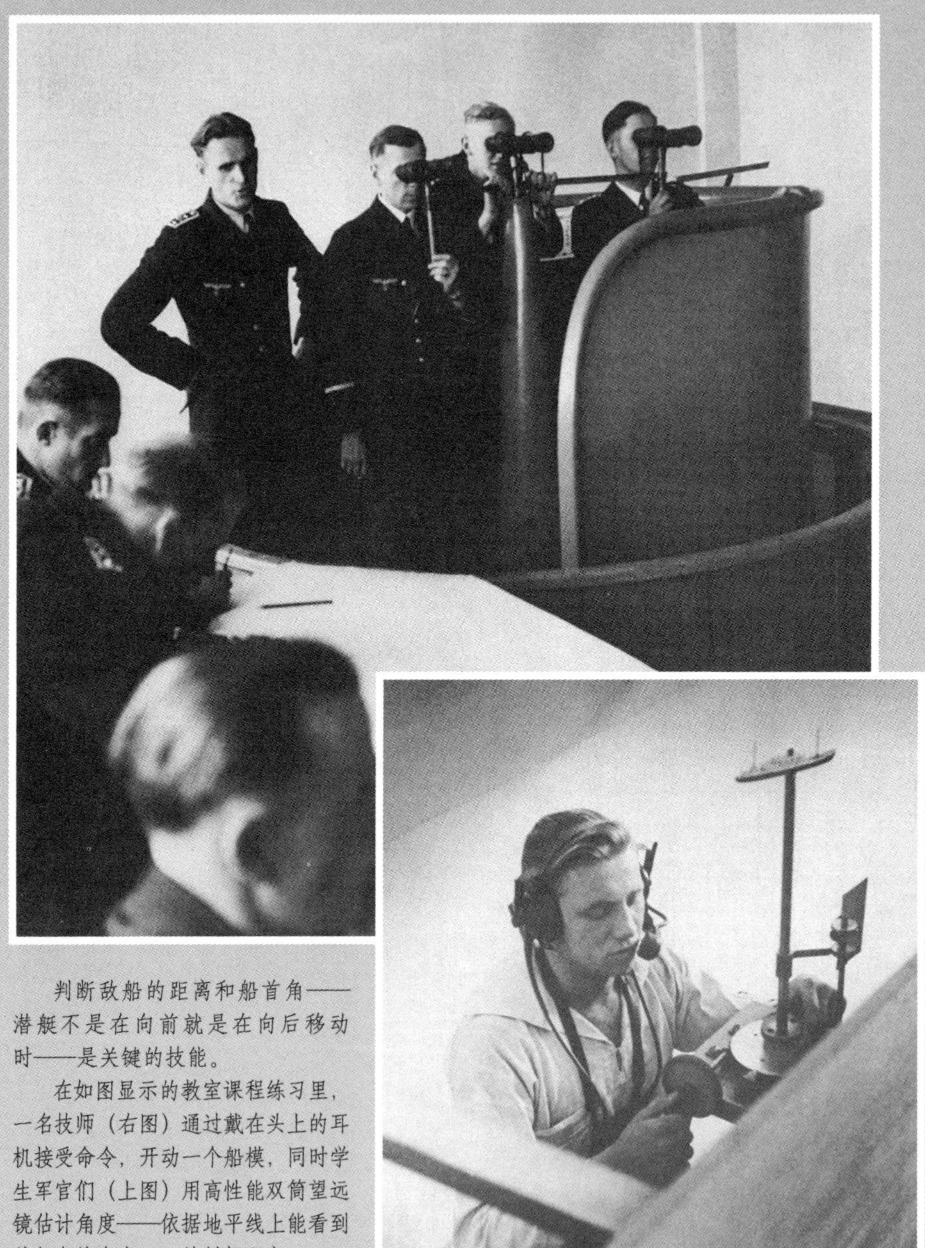

判断敌船的距离和船首角——潜艇不是在向前就是在向后移动时——是关键的技能。

在如图显示的教室课程练习里，一名技师（右图）通过戴在头上的耳机接受命令，开动一个船模，同时学生军官们（上图）用高性能双筒望远镜估计角度——依据地平线上能看到的船身的多少——并判断距离。

教师在黑板上说明如何把测定的喷油、压力和温度的数据标在图上。在海上，这样的计算要天天做。

学生们利用模拟控制板练习查找和操作潜艇上的200个阀门和开关，如果必要，他们要在黑暗中熟练地操纵这一切。

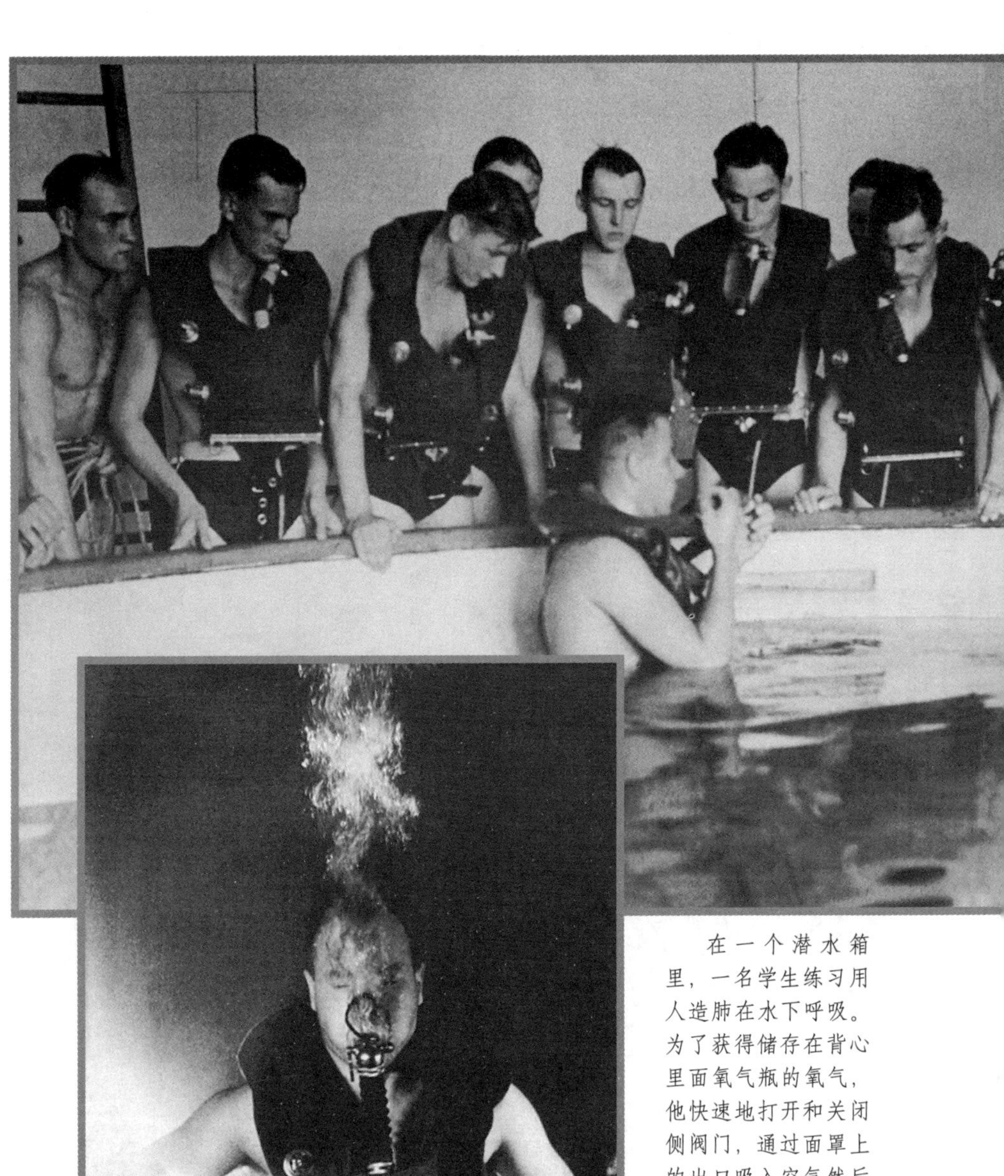

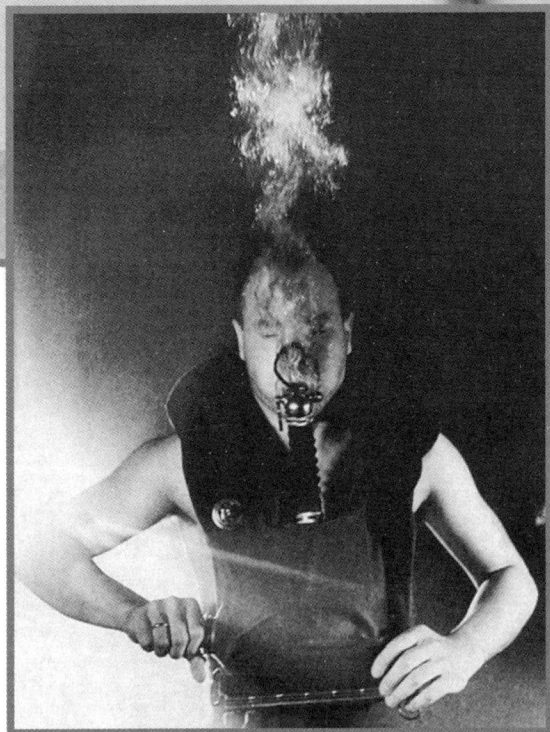

在一个潜水箱里，一名学生练习用人造肺在水下呼吸。为了获得储存在背心里面氧气瓶的氧气，他快速地打开和关闭侧阀门，通过面罩上的出口吸入空气然后呼出。右肩下面的安全阀是放出二氧化碳的备份阀。人造肺用于水下修理和在400英尺的深度紧急逃生。

学潜水课之前，一名教师给学生们示范怎样使用面具。学生们戴着人造肺、穿着铅鞋沉入21英尺深的玻璃箱底部，练习在潜水时打开和关闭指挥塔的舱口。如果一名学生遇到麻烦，教官（站在最左边的那个）时刻准备着扔给他一根绳子。

国控制了从挪威海的北部到比斯开湾的欧洲沿海地区。潜艇基地很快在挪威的卑尔根、特隆赫姆和纳尔维克及法国的布雷斯特、洛里昂、波尔多、拉帕利斯、拉多谢尔和圣纳撒建立起来。英国的舰队从而不能再像第一次世界大战那样依靠阻塞北海的出口来严密控制德国潜艇，以取得辉煌的成就了。在南部，通往直布罗陀的路线一直被盟军用于从南大西洋到印度洋的海上运输，现在已经处于德国军队把守的比斯开湾的港口侧翼包围之中。

更重要的是，从法国港口出发，减少了潜艇原来花在通行上的时间。在德国令人吃惊的闪电战取得胜利之前，它的潜艇不得不穿过北海，绕过苏格兰北岸，到达大西洋，航程达450英里。现在它们可以更快地到达洋面，在洋面上比原来多停留一周的时间来打击英军舰只，然后，再回到附近的法国修船厂。英军害怕德国空军的进攻，变更了航行路线，从爱尔兰和苏格兰之间的北海海峡通过，这使得德国潜艇的“工作”更容易了。在这条交通拥挤的狭窄通道，德国潜艇轻而易举地就击沉了许多减速行驶的船只。

英国的反潜艇防卫系统没有加强。参加挪威战役的皇家海军驱逐舰和其他护卫船正在修复之中。许多小型的担任反潜艇任务的船在从敦刻尔克撤退时失事。为防御可能来犯的德国侵略者，英国的军舰部署在英吉利海峡，结果，在1940年的5月到10月间英国护送开往国外的护卫队最远只能到达西经 12 度的地方，大约离爱尔兰 100 英里，接归航的船也在同样的地点。加拿大驱逐舰仅护送船只到北美洲出发向东进入大西洋 400 英里的地方。从那里开始，船只不得不在没有一艘辅助巡洋舰保护的情况下航行数百英里，直到西经 12 度的集合点，英国护航舰才能保护它们，这在大西洋中留下了一个很大的缺口，德国潜艇可以在那里肆无忌惮地进攻。英国于 1940 年 5 月占领了冰岛，9 月美国给了英国 50 艘老掉牙的驱逐舰并以纽芬兰、百慕大群岛和西印度群岛作美军基地为交换条件。不过这个交易为时已晚，在 1940 年夏天盟国商船蒙受了巨大的损失。

邓尼茨快速行动以充分发挥他新的优势。在 5 月德国装甲车切入法国北部的时候，他在德国装了一火车鱼雷及生活和战争必需品，准备到比斯开湾建功立业。6 月 23 日，法国签署停战书的第二天，德国潜艇的长官赶到比斯开湾基地，亲自对那里进行调查。7 月 7 日，以弗里茨－朱利叶斯·莱姆普少校（他在战争的第一天击沉了雅典尼亚号客船）为船长的 U－30 号潜艇成为第一艘从大西洋直接返回法国基地洛里昂的德国潜艇。到 8 月 2 日，那里的修船厂已经做好了修船准备，并且自此以后，所有在大西洋上执行任务的德国潜艇不再回到德国，而是进驻法国的港口。

现在，邓尼茨的潜艇指挥部设在巴黎苏舍特大街的一幢大楼里，从那儿可以俯瞰布伦公园；在那儿，他精心准备着进攻英国的“海狮行动”。他决定他的船一天之内至少要击沉一艘敌船。不过在船被击沉之前首先要找到它。如果两天找不到目标他就用无线电通知他的手下向大西洋的纵深方向前进。

几乎在战争一开始，德国潜艇司令就对英军船队的组成和去向了如指掌。有一个特殊的无线电破译部，称为B部，归海军最高统帅部管，负责破译英国海军的密码。如果有足够的时间，德国破译密码的工作人员可以查明英国船只的航行路线、集合地点和护卫队的实力。邓尼茨还从一个令人难以置信的美国安全漏洞中获取信息。美国海洋运输保险公司一直在和欧洲的公司联合经营海上保险业务。运作过程中，美国方面打电报给他们的生意伙伴，介绍详细的运输信息，包括关于运往英国的军用物资的所有相关资料。其中一个信息接受者是苏黎世的保险商，他例行公事地把信息传给他在慕尼黑的合作者，慕尼黑的合作者又把信息传给德国海军情报部。直到1943年年初，美国参战一年多以后，美国间谍法才要求保险公司停止此项业务。

邓尼茨承认，及时破译航船上的无线电信号与B部同样有效，使得有足够的时间合理布置狼群，这是很“庆幸的事”。1940年9月，错失了几次机会之后，他的运气终于来了。他的译码专家们截获了一个介绍护卫船集中地点的信息，他及时调遣4艘潜艇到达该区域。9月10日那天，尽管风大浪高，但还是击沉了5艘英

U–29 号潜艇从 1940 年秋天被占领的法国的洛里昂德国潜艇新基地出发时，军乐团和仪仗队为它营造了一派喜庆的气氛。

军舰船，取得了战争以来狼群战的首次胜利。11天之后，另一支由5艘潜艇组成的狼群战绩更加辉煌：它们对一支由15艘船组成的船队进行了袭击，击沉11艘，击伤1艘。

后来，邓尼茨的运气非常好。10月16日至17日晚上，海因里希·布莱克罗德少校率领的U-48号潜艇在罗克尔的西北部，大约距英国的赫布里底西200英里的地方巡逻，看见一支庞大的船队正向东航行。这个船队代号为SC7，包括32艘从加拿大新斯科舍和悉尼开往英国的满载货物的商船。布莱克罗德用无线电通知了在巴黎的潜艇长官，邓尼茨又命令5艘潜艇赶到该水域，包括克雷茨克默率领的U-99号潜艇和斯基克率领的U-100号潜艇。布莱克罗德击沉了两艘船。接着护卫船向他进攻，他失去了和总部的联系。邓尼茨做出了有根据的推测，他指示5艘集中在一起的船只建立一条南北方向的巡逻线，一直延伸到运输船队最后一次出现的最东面。10月18日的白天，潜艇到达各自的位置，船与船之间的距离为几英里。当天晚上，运输船队驶进了邓尼茨的包围圈，在明亮的月光下，“狼”们在静静的水面上发动了攻击。

一旦潜艇开始进攻，各个船上的指挥官自由采取自己喜欢的战术。大部分都在护航舰的外围行动，沿着船队的侧面进攻。当他们发现目标时，他们会依扇形发射三四枚鱼雷。然而，克雷茨克默修改了他的策略：他喜欢直接进入船队的中心。闪开护卫船，穿进商船内部，一个一个地击中商船，在近距离小范围内一次只发射一枚鱼雷。无论使用什么战术，策略基本上是相同的：在夜间发动进攻，因为此时商船的形状非常明显而潜艇低低的轮廓几乎看不见；浮在水面上，护航船上的潜艇探索器探测不到潜艇的位置，潜艇可以发挥它的速度和机动性的优势，在尽可能近的地方开火。

晚上8点15分，恩格尔伯特·恩德拉斯少校率领的U–46号潜艇获得了开门红，击中了一艘2000吨的瑞典商船。被击中的货船靠船上装载的纸浆用木材支撑，在海上倾斜着漂了15分钟，后来船头朝上慢慢沉入水中。在以后的两个小时里，狼群又击毁了8艘船，装载着钢材或生铁的货船很快就下沉了。满载木材的船上燃起了大火，爆炸之后木板在空中乱飞，使得海面上一片混乱。随着鱼雷一枚枚射中目标，爆炸声此起彼伏，火光点燃了夜空。燃烧的轮船上冒的黑烟在数百英尺高的空中翻滚。从护卫船上和从商船上发出的火光在海面上穿梭。船队中的船只拼命地躲避鱼雷，轮船的汽笛声不时地划破夜空。救生艇和木筏在水面上上下来回地摆动，微微闪烁的亮光，与爆炸的混乱场面形成鲜明的对比。

“驱逐舰都不知所措，”克雷茨克默在攻击SC7期间的战争日记里写道，“整个过程都在发射照明弹，这对双方都是一种鼓舞。”护卫舰只有3艘，没有经验，不能做任何事情，对快捷的、在它们中间疯狂行驶的、

对士兵的奖赏

1939年，阿道夫·希特勒在铁十字勋章系列中又增加了一个更高的级别——骑士勋章，德国的最高奖章。骑士勋章起初没做任何装饰，只是用一根缎带吊着，后来设置了级别，包括：栎叶、剑杖和钻石3种。

1943年之前，海军击沉舰船的吨数达到10万，奖一枚普通骑士勋章。不过后来成功越来越少，所以只要击沉一艘舰船就可奖励一枚骑士勋章。

海军军官一共获得了318枚骑士勋章，其中145枚是属于潜艇的。最著名的奖章获得者是奥托·克雷（里）茨克默（右图），他的船在1941年3月被击沉之前共毁坏了25万吨舰船。被盟军所救，关进监狱时已经获得栎叶骑士勋章的克雷茨克默在授予剑杖骑士勋章时缺席。

奥托·克雷（里）茨克默领导U—99号潜艇在3个月的时间内击沉了盟军舰船11.7吨，1940年8月，埃里希·雷德尔授予他骑士勋章。11月达到20万吨的时候，追加栎叶骑士勋章一枚。

几乎看不见的德国潜艇无能为力。大约在凌晨3点钟，5艘潜艇中的3艘已经把鱼雷全部发射完，攻击暂时停止。7个小时之内，17艘船沉入海底，这占船队总数的一半还多。

邓尼茨和他的战友们还不满足。在SC7船队的最后一艘船沉入海底16小时之后，第二支狼群猛攻另外一支不幸的船队。这支船队在距SC7船队出事地点西

250 英里处被普林的 U−47 号潜艇发现。船队代号 HX79，包括从新斯科舍的哈利克斯开过来的 49 艘货船和 12 艘护卫船。邓尼茨调动了普林、恩德拉斯、斯基克、布莱克罗德和 U−38 号潜艇上的海因里希 · 利贝少校。到拂晓潜艇离开的时候，他们已经击沉了 12 艘船。

在不到 30 个小时之内，10 艘德国潜艇组成的两支狼群毁坏了 29 艘盟军舰船，而自己却一艘未损。潜艇凯旋后，德国的报纸喜气洋洋地鼓吹这两支狼群的功绩。从来没有怀疑过集体进攻有效性的邓尼茨，那一晚的胜利再一次证实了他判断的正确性。

11 月，邓尼茨把他的总部从巴黎搬到了凯内韦尔的一个乡间别墅，位于洛里昂港西北 25 英里。在那所别墅里，有两个谋划和指挥军事行动的工作室。潜艇的一切指挥工作都是在此完成的，墙壁上布满了编码坐标网格图。各种颜色的大头针和旗子标志着海上每艘船的位置，还包括已知道的敌船和军舰。海图和图表指出了决策过程必须考虑的大量变量：洛里昂和潜艇之间的时差，潮汐、冰、雾和天气情况的变化。

潜艇水手穿着能挡热风和冰冷的浪花的防水衣（左图），观察寒冷的水面，寻找猎物。在冬天，导绳和天线上包了冰，然而潜艇的重心低，使得它能够安全渡过最汹涌的洋面。

还有第三个房间，叫作博物馆，墙上挂着德国潜艇损失和敌船沉海的对比图，扫一眼图表就可以看出海上战况。对邓尼茨来说，最主要的是表示“有效的潜艇份额”的图，在海上平均每艘潜艇每天击沉的吨位。他拿它与病人床前的温度图表相比较。邓尼茨知道他的指挥官们提供的被击毁的敌船的数字常常是夸大了的。虽然如此，图表还是提供了一个准确的潜艇战的每月涨落情况。估计的数字和后来英国公布的真正的损失数字相当接近：6 月，海上每艘德国潜艇每天击沉的船只吨数是 514；7 月，594；8 月，664；9 月，758；10 月，是海战收获最大的一个月，920 吨。

尽管取得了这些成绩，但在第一年的战争结束时，邓尼茨对海下战争的进展还是喜忧参半。他的船长们证明了严格的战前训练的价值：无论英国使出什么样的战术和技术装备，大胆和足智多谋的他们都一一应付了。成绩是骄人的，从 1939 年 9 月到 1940 年 9 月，德国潜艇击沉了 440 艘商船，计 233 万吨，及 12 艘军舰。

邓尼茨仍然面临着一个令人挠头的数量问题：他还是缺少潜艇。他仅有 56 艘潜艇，从战争一开始就是这个数目，一年之后还是没有增加（损失了 28 艘，同样补充了 28 艘新船）。到 1940 年 7 月，他没有足够的力量一次布置七八艘潜艇。到 1940 年 9 月 1 日，邓尼茨能够参加军事活动的船只有 27 艘，比一年前还少，因为他不得不派遣大量的船用作训练艇。邓尼茨所需要的大型潜艇的生产计划又被无限期推迟。6 月，在雷德尔和邓尼茨的强烈抗议之下，希特勒才确定每月最多交付 25 艘新的潜艇。然而在 1940 年的下半年，每月只有 6 艘船编入现役。1941 年的前 6 个月上升到 13 艘，后 6 个月 20 艘，不过从来没有达到 25 艘的许诺数量。

船的不足使得邓尼茨不同意雷德尔提出的地中海计划。1940 年夏天，雷德尔提出了一个大胆的策略，夺取直布罗陀和苏伊士，逼迫地中海的英国军队撤出，威胁他们穿过南大西洋和印度洋的部队供应线。邓尼茨认为，这场战争会使英国受到一定伤害，但没有决定性的效果，因为它“不能直接威胁到它的本岛基地”。此

右图，一艘潜艇进入被德国占领的法国港口封闭的泊位。托特组织利用德国工人和被迫的法国劳工建造坚固的掩体，圣纳撒下面的就是其中之一。掩体的顶部由钢筋混凝土和波状钢构成，一直到战争结束都在抵挡盟军的轰炸。

外，为了完成雷德尔的这一计划，对包括潜艇在内的德国各项资源的需求将减少“本以全线不足的大西洋上的军事部署，而此地才是决定性的关键区域”。

1940年11月，第一场冬季暴风雪袭击了整个北大西洋，风速达到了每小时50英里，驾驶室的观察窗充满了冰冷的盐水。海浪有时达30英尺高，打到指挥塔上。为了防止掉进海里，潜艇上的工作人员在身上系了安全带。在这种条件下，根本不可能看到船队。从潜艇上发到总部的无线电信号变得简明扼要：“由于天气情况行动延缓。”

英国害怕德国的侵略战争进一步升级，增加了护航的飞机和驱逐舰的数量，这更加给潜艇的活动增加了难度。更多的飞机在近海岸飞行增加了航船空中的保护区域。为了避免与英国皇家空军正面交锋，邓尼茨命令他的潜艇在大西洋的西部较远的区域巡逻。每次巡逻只

派出 4 ~ 6 艘潜艇，搜索比原来广阔的洋面，找到一个船队变得更加困难。在 12 月期间，仅发现一支船队。

在港口上等待出发时的快乐有助于潜艇水手忘掉海上的艰苦时光。他们在这里开心地打开从家里寄来的积压已久的信，一个小伙子热烈地拥抱在船上遇到的漂亮的红十字护士。

垂直下降的数字反映了潜艇的困难。10 月，潜艇击沉船只 61 艘，击沉吨位 344513 吨。11 月，沉船数字降到了 34 艘，173995 吨；12 月，39 艘，219501 吨。到 1940 年圣诞节，北大西洋的洋面只剩下一艘德国潜艇。金色的夏天和秋天那段令人兴高采烈的幸福时光渐渐消失了。巡逻了 6 个星期之后，许多潜艇返回了基地，没有发射一枚鱼雷，油箱里的油却损耗殆尽。待在潮湿寒冷的环境里的战士们，大部分由于巡航数周没有收益而感到烦恼和灰心，现在他们有足够的时间来回想在他们易受攻击的小领域里的乏味的生活状况。

VII 型潜艇终于设计成了一种快速的、机动灵活的装载鱼雷的武器。这次设计对在一个长 220 英尺，最宽的地方只有 20 英尺的铁壳里生活两周到两个月的约 44 名船员的舒适度没有考虑。当潜艇出海时，到处都填满了宝贵的食品。大量的火腿和香肠挂在头顶上的管子上。睡觉的吊床上放着一块块的面包，一袋袋的土豆杂乱地堆桌子下面。常常是二分之一的盥洗室变成了食品库，食品用完之前厕所根本不能使用。

根本就没有一个能独自待一会儿的地方，一切隐私暴露无遗，甚至船长的住处仅仅是用帘子隔出了一块地方。睡觉的时候，军官和士兵在一起。完成 4 小时值班后的船员们简单地和衣睡在其他船员腾出的吊床或床垫上。在长久的电灯的光照下，白天和黑夜的概念变得模糊了。

由于空间受限制，体育锻炼是不可能有的。甚至在不值班时呼吸新鲜空气都成了问题，在天气和军事行动条件允许的情况下每次只能有两三个人到甲板上作短暂的停留。白天有时允许人们在观察塔和驾驶台上吸烟（夜间不行，抽烟时发出的亮光可能暴露船的位置）。在船内吸烟是被禁止的，因为当蓄电池充电时会定期地释放出爆炸性气体。

潜艇上的生活被一个老兵描述为两个令人难忘的特征："污浊的空气满舱，潮湿的空气满舱。"潮湿已经到了让人无法忍受的地步。船上没有加热和通风装置，湿气在冰冷的铁壳上凝结，形成水流流入舱底。又湿又凉的衣服从来没有干过。食品腐烂变质，白面包变得发霉长毛时，水兵们称它们为"白兔子"，他们抓住它们的"耳朵"，撕下里面还可食用的部分，塞到嘴里。

浓浓的气味是许多味源混合而成的：有从舱底发出的；有从发动机的柴油里发出的；有从长期不洗澡的身体上发出的（船上的淡水全部用于做饭和饮用——人

们不得不用海水洗澡）；有科利布里的科隆香水发出的，战士们放完哨后习惯用香水去掉脸上的海盐硬皮。尽管有空气净化装置，但还是有气体不断地从门后面冒出来。特殊的设施（厕所）更需要细心的操作。由于外面水的压力，仅当船在水下 80 英尺之内才能冲洗。在抽水操作开始之前，阀门必须按准确的次序打开和关闭。哪个水兵把次序搞错了就会吃苦头。

在潜艇上另一个极端恶劣的生活环境是噪音——活塞发动机的锤打、螺旋推进器猛烈地摆动发出震耳的噪音——还有无休止地前进产生的巨大声音。随着每次海水的涌动，每次波浪的起伏，在水面上的船会摇晃、倾斜、偏航、颠簸和颤抖。在波涛翻涌的大海里，船会向一边倾斜 55 度或 60 度，把熟睡的人们从床铺上甩出去，重重地摔在甲板上，其滋味痛苦难忍。更有甚者，当船潜入水下时，一刻也不能保持稳定。最微小的重量的移动，比如一个人向船头或船尾走动，都可能打破平衡并且使船摇摆不定。

当潜艇在水面上行驶时，甲板上的水兵们随时有被甩进海里的危险。在战争中，至少有 30 次船员们是如此丧命的。最严重的一次事故发生在 1941 年 10 月 23 日的比斯开湾，一股从船后面来的巨浪从驾驶台观察室把 4 个人冲到海里。另一个持续发生的危险是潜艇可能被敌人的飞机发现。促成驱逐舰恐惧症最重要的因素是在船潜入水下的时候，对方发射深水炸弹，潜艇遭受无休止的攻击。赫伯特·沃纳是一名潜艇指挥官，他记述了这种经历。他写道，开始是“驱逐舰对我们发动进攻，潜艇探索器发出尖厉的砰砰声——像是锤击音叉发出的声音”。接着是第一批深水炸弹爆炸声，“之后到处是哗啦声，船壳呼啸，地板跳动，木头破裂，玻璃被震碎，装食品的罐子在舱内到处飞。接着一片漆黑，这要持续好几秒钟，然后应急灯又亮了。”

一次攻击可能要持续一整天。也许有数百枚深水炸弹投入水中，每投一枚炸弹船员都做了航海记录。有一艘船上计数员用酸梅核做记录。“我们坐在各自的位置上，紧闭双唇，屏住呼吸，”沃纳写道，“一些人躺在甲板上，凝视着上方。其他人坐在一边胡思乱想。谁都不说话，也没有人咳嗽。”如果船潜入水下时间太长，空气会变得污浊，于是会发给每个人一根橡皮管用来呼吸。橡皮管里盛有碳酸钾，它用于滤除二氧化碳。

敌船终于停止了攻击。“一艘接一艘地从我们的破船上方驶过，”沃纳写道，“最后，每艘船都在我们的上方投下一枚深水炸弹，就像是在我们的坟墓上扔了一朵菊花。”如果船壳比较牢固，在爆炸过后船还可以再浮出水面。“顷刻间，过量的氧气使我们窒息，尽管这样，我们还是愉快地吸到了新鲜空气。通风设备把氧气传给圆筒里的辛苦工作的水兵们。对我们在驾驶台上的水兵们来说，太阳从来没有那么红过，天也从来没有那么蓝过。”

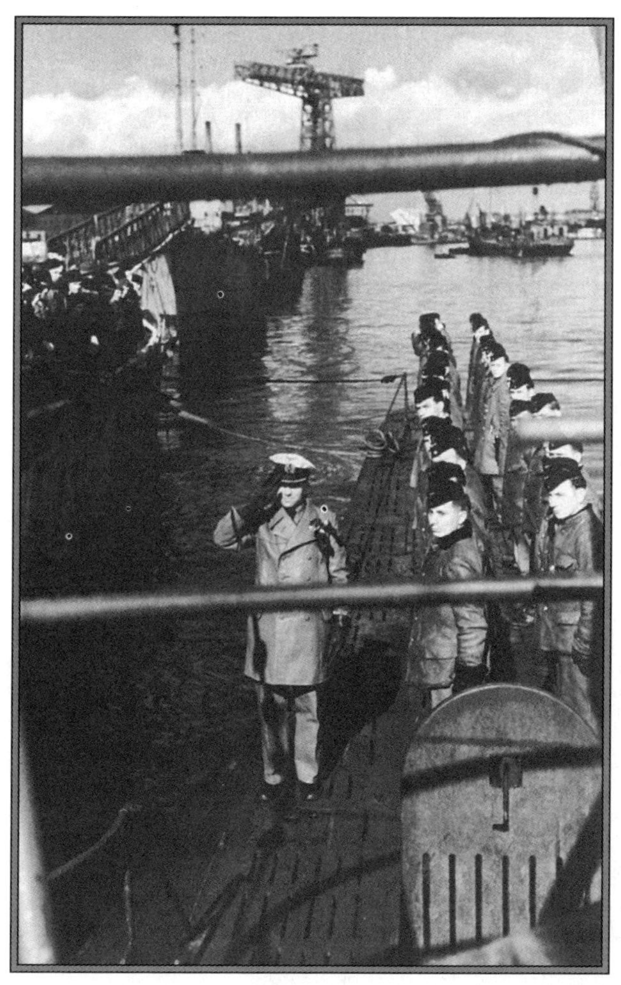

1941 年 2 月，京特尔·普林少校从洛里昂出发，他站在U-47号潜艇的甲板上向聚集在那里为他送行的人群敬礼。这是普林和他的潜艇的最后一次巡逻。

如果巡逻完成，打了胜仗，这些危险和不便之处就不足挂齿。潜艇驶回基地，船上骄傲地飘着三角旗，三角旗表示击沉敌船的数量。从其他船上来的船员们和乐队在码头上列队欢迎，从附近陆军医院来的漂亮护士小姐们送上鲜花、香槟酒和令人陶醉的亲吻。有时，邓尼茨会亲自出现。潜艇总司令亲切地称他们“翁克尔·卡尔”或“德尔·勒韦”（狮子），现场授奖章或与每个船员简短地亲密交谈。潜艇的凯旋，每次都使他激动万分。“当我看他们时，”他后来写道，“他们瘦弱、紧张，苍白的脸上长着胡子，皮夹克上到处是油污，但我们之间彼此信任，联系紧密。”

对潜艇上的水兵们来说，最大的享受是随之而来的岸上的休息调整，几个星期的假期过去之后，他们不得不回到枯燥乏味的大海上。有些人登上为德国人开的专列回家；其他人趁机在萨尔纳、基伯龙和拉博勒的被人们称为“德国潜艇牧场”的休息中心消闲。他们可以在那游泳、骑马，和年轻的法国女人谈情说爱。由于在潜艇上的额外津贴几乎是固定薪水的两倍，所以他们买得起上等的法国食品、酒和衣服。甚至不得不待在船上的水兵们在不上班时也可以在夜总会和妓院放松放松。潜艇上的水兵们通常有他们自己喜欢的酒吧，在这里，他们可以和酒吧女郎尽情调情。

“潜艇将取得更大的胜利，”邓尼茨 1940 年 12 月 14 日向雷德尔写道，“如果不是必须连续在附近徘徊守株待兔的话，就可以提前开向靠空中侦察发现的目标。每支部队都有自己的侦察机——只有潜艇没有。”

几乎两年了，邓尼茨的军事行动都没有空中支持。此时，他再一次郑重其事地提出增加海军航空军力量的理由。雷德尔也早就知道，于是派他去恳求武装部队最高统帅部参谋长约德尔将军，并赢得了赞同。就在 1941 年 1 月 7 日，纳粹空军头子赫尔曼·戈林外出打猎。邓尼茨冷嘲热讽地说，希特勒“侵入了帝国元帅的空军领地”。元首把第 40 团交由邓尼茨支配，这是以波尔多为基地的秃鹰军团的一个飞行中队。飞机是经过军事改装的福克·伍尔夫 200 民用客机。战前曾一度坚持“飞行的所有武装力量属于我们”的戈林，从猎场回来之后对把一支空军部队划归海军领导非常不满意。一个月之后，当戈林的豪华专列刚好从邓尼茨在凯内韦尔的司令部经过时，帝国元帅邀请舰队司令到他那里做客。那是他们第一次相遇。戈林试图让邓尼茨说服元首废除那个命令，邓尼茨没有同意，并且拒绝留下来用餐。“我们分手了，”邓尼茨回忆说，“坏朋友。”

邓尼茨希望侦察机会帮助他的潜艇准确地搜寻目标，但经过证明它们做不到。一天仅有两架飞机——而原来答应的是12架——用来出击。尽管飞机安装了附加的燃料箱，可以使之从波尔多飞到北海海峡西边和西北边的主要潜艇军事基地，但是飞机还不能在天上待那么长时间。如果它们碰巧发现了一支船队，直到潜艇到达它们才能连续不断地保持联系。燃料的短缺也不允许它们返回到法国。它们必须飞到挪威西海岸的一个飞机场。那是一个冒险的行动，因为那里长期有雾，对飞机飞行很不利。

另一个主要问题是飞机的航海报告不准确，有时相差80英里之多。有时，依照一架飞机所述查明船队的位置，把狼群派遣过去，发现那里是空空的海水。尽管日常的空中侦察提供了一个非常有用的英军航海总图，但是，邓尼茨不得不依靠他的潜艇发现北大西洋的目标。

尽管军事侦察机有问题，但是海军最高统帅部还是乐观的。英国的船以每月50万吨的速度下沉，速度

是惊人的，比英国和美国两个国家造船厂的生产能力之和的 3 倍还多。德国战略家估计，如果把他们的潜艇、飞机、水面船队和水雷的能力加起来，每月毁掉 75 万吨船的话，英国在一年之内就会被迫退出战争。他们觉得，如果纳粹空军完全达到希望的每月 30 万吨的击沉速度，那么那个目标就很容易实现。但是英美联合造船计划在 1942 年的时候将达到每月 50 万吨的生产量，德国在这之前必须马上切断英国的运输生命线。

3 月，德国潜艇部队经受了一次严重的打击：5 艘潜艇和工作人员在海上遇难，其中包括 3 个优秀的指挥官。首先进行此次灾难性巡逻任务的是京特尔 · 普林，他乘 U–47 号潜艇 2 月 19 日离开洛里昂。奥托 · 克雷（里）茨克默在那里为他的老朋友送行。他开玩笑说：“京特尔，摆一串运输船队等着我去歼灭。”

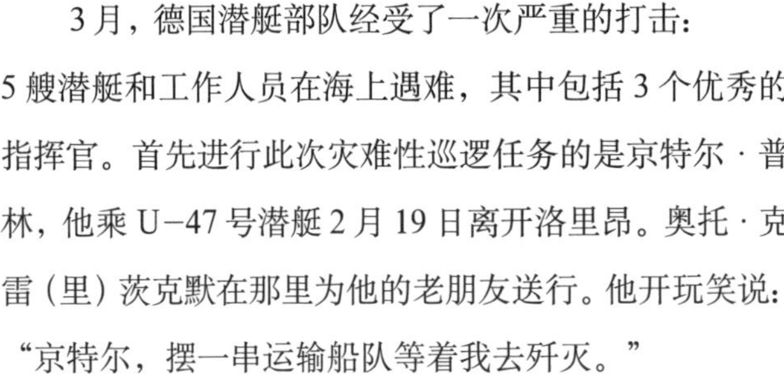

“不要把结论下得太早，这次行动我有一个预感，我们都会面临一场大战。”普林回答。

3 天之后，克里茨克默由军乐团欢送，军乐团高奏“克里茨克默前进”，他驾驶 U–99 号潜艇缓缓离开洛里昂。第二天，约阿希姆 · 斯基克紧接着出海，驾驶的是 U–100 号。

3 月 6 日，普林发现了一支向西开的船队，由许多护卫舰跟随，位置在冰岛的南面几百英里处。第二天午夜，在暴风雨的掩护下，他的潜艇冲出水面，逐渐靠近

驱逐舰，例如HMS沃波尔号驱逐舰（上图），安装的潜艇探索器，使得潜艇人员感到害怕。不过在近距离内驱逐舰探索器的声波对潜艇不起作用。发射深水炸弹的水兵们(上面左图）只能估计猎物的位置，他们不得不观察（右图）爆炸的残片或其他击中的证据来判断是否击中目标。

船队。突然，炮声迭起，U-47号暴露在英国豺熊号驱逐舰面前，驱逐舰立刻对其发动了进攻。普林潜入水下。为了避开驱逐舰，他想尽了一切办法，改变速度、深度、方向或长时间保持沉默5个小时，这一切都无济于事。最后终于被深水炸弹击中，在水下50英尺的地方挣扎。冒上水面的气泡使英国战舰得知了它的准确位置。豺熊号驱逐舰穿过泡沫投下另一组10枚深水炸弹。早上5点43分，一声剧烈的爆炸声波及洋面，水下射出几道橙色的光亮之后就无声无息了。

8天之后，即3月16日，约阿希姆·斯基克的U-100号潜艇在冰岛附近追赶另外一支运输船队时，深水炸弹炸毁了它的船体，被迫浮出水面。U-100号成为夜间被船上雷达搜索到的第一艘潜艇。瓦诺克号驱逐舰找准了潜艇的位置，全速撞过去。军舰锋利的船头削掉了潜艇的观察塔。斯基克当时就在驾驶台上，他被甩进大海淹死。他的5名战友和船一起沉入了海底。

同一天的早些时候，克里茨克默带领U-99号潜艇攻击了同一支船队，把所有的鱼雷都发射完了之后，借着夜幕在水面上往回行驶。在途中，值班军官犯了一个严重错误，以为U-99号被英国步行者号驱逐舰发现了，命令潜入水下逃跑，而没有在水面上全速前进。一沉入水下，潜艇就被驱逐舰上的潜艇探索器发现。数分钟之内，深水炸弹就使发动机和螺旋推进器瘫痪了。潜艇在水下720英尺，这是一个危险的深度，船体开始破裂。克里茨克默的唯一选择是让船快速地浮出水面。之后 U–99 号开始在北大西洋海面的巨浪中无助地倾斜，此时船长平静地抽了支烟，指挥打开通海阀。他和他的船员们跳进了冰冷的海水里，又很快被捞上来，成为战俘。

普林牺牲了，年仅 33 岁，而斯基克和克里茨克默才 29 岁，他们的遇难和失事使潜艇司令感到非常震惊。这些有闯劲儿又有丰富经验的船长们，曾经击沉过 111 艘敌船，合计 586694 吨，怎么能在短短的 8 天内被打败和被俘呢？英国拥有某种新的反潜艇武器了吗？

为了保住人们对潜艇的信心，直到现在，德国从未在公开场合承认过潜艇被打败这一事实。当然，潜艇司

1941 年 4 月，HMS 拉杰普塔纳号辅助巡洋舰被克劳斯·舒尔茨领导的 U–108 号潜艇用鱼雷击中后在丹麦海峡下沉。邓尼茨派舒尔茨在格陵兰和冰岛之间的航线上找到并击沉这艘辅助巡洋舰，它之前一直在这一地区报告德国海军的军事活动。

令部成员知道了早期的失事事件，但普通人没有理由怀疑德国潜艇的无敌名声。希特勒担心突然失去了第三帝国战争偶像会影响士兵的士气，于是命令媒体不许报道。普林死的消息甚至连他的妻子都不知道。直到 4 月底，斯基克和克里茨克默的事暴露，但普林的死外界依然不知道，5 月 23 日，普林死了 10 个星期之后才公布于众。

对于邓尼茨来说，损失了 3 个指挥官就像是割了他的肉。他写道，斯基克曾经是一个“真正的推进器”；克里茨克默“判断迅速并且对时机把握非常好”；普林一直很特殊——“他是一个完人：品质优秀，充满热情和活力，热爱生活，对他的事业全身心投入”。

舰队司令邓尼茨在宣布他喜爱的人死亡那天，慷慨激昂地向指挥官发表了以下信誓旦旦的誓词：“京特尔 · 普林，斯卡珀湾的英雄，他完成了最后一次巡逻。我们潜艇人为他感到自豪和惋惜。尽管大海埋葬了普林，但他永远站在我们中间。没有潜艇会去英国近海，但是他自愿请战，他的进取精神将永远激励我们打败英国。”

虽然邓尼茨和他的参谋不知道瓦诺克号驱逐舰是使用了新的雷达系统才发现斯基克的 U-100 号的，但是他们还是怀疑 3 艘潜艇的损失不是简单的偶然现象。邓尼茨命令他的所有船只远离他们曾活动的冰岛南部地区。可是就在三四月份，他的船又击沉敌船 84 艘，计 492395 吨，所以他断定，3 个王牌指挥官的失败“纯粹是偶然的”，而不是敌人采用了什么新技术或秘密武器。

当时英国的潜艇防御系统的确发展缓慢，以致从来没有对德国潜艇的行动造成真正的威胁。1941 年初，英国海岸司令部的飞机和一些护航船上安装了一套新的皇家空军设计的雷达装置，该装置比以前的雷达体积小、性能好。理论上讲，此雷达装置可使护航船在夜间及时发现浮在水面上的德国潜艇，在潜艇发动攻击之前确定它们的位置。然而实际上，在波长和定向天线修改之后，即使能见度差，雷达也能有效地帮助船只保持其在船队之中的位置，但在准确及时地判定潜艇的位置并采取措施方面效果还不理想。

更加值得注意的是护航船明显增加。在德国侵略的威胁下降的时候，越来越多的英国船只——还有 50 艘老掉牙的富兰克林 · D. 罗斯福交换给丘吉尔的驱逐舰——也参加到了执行护航任务的行列中来。可以担任护航任务的船只在 1940 年 7 月是 235 艘，到 1941 年 3 月增加到 375 艘，还包括 240 艘驱逐舰。护航舰数量的增加不仅给商船提供了更多的保护，而且为英国把它的护航部队训练成为协同作战的团体提供了方便条件。

德国最高统帅部从来没有相信过雷达会在战争中起多么重要的作用。面对激烈的战争，德国资源紧张，希特勒下令：在一年之内不能完成的雷达改进研究一律放弃。与此同时，英国曾报道早在 1940 年 11 月他们就首次使用了雷达辅助袭击了一艘德国潜艇。1941 年 2 月，他们声称利用雷达在空中定位击沉了一艘德国潜艇。第一次事件中德国潜艇逃走了；第二次事件中德国潜艇司令部那个月没有损失记录。无论如何，因为英国还没有大规模地使用雷达，邓尼茨和他的官兵们把此类偶然事故当成是正常的攻击。甚至在那年的后期，当潜艇的指挥官们开始报告他们为突如其来的空中打击感到惊讶的时候，邓尼茨总部的参谋们对他们的报告还不屑一顾。“观察员们，”他们合理地解释道，“睡着了。”直到1942年，一名高级官员才建议说这其中的真正原因可能是英国雷达探测技术在不断改进和提高。

德军方面当然清楚英国一直在监听从德国潜艇总部到海上潜艇，以及巡逻船只之间的无线电通信。他们不怀疑敌人已经破译了他们的密码。但是未被破译的无线电通信也会给英国提供足够的信息，使其转移驶向狼群的船只的航线。

事实上，英国的方向测定（D–F）网络从设得兰

一名军官给猎获物拍照的时候，京特尔·海斯勒少校（左图）观看在塞拉利昂的弗里敦水域被鱼雷击中的一艘汽船。这是1941年海斯勒少校的U–107号潜艇在3个月的巡逻时间内击沉的第14艘船。救生艇上的幸存者们（上图）被拉到横靠过来的潜艇上，接受一些赠送的生活用品，然后被转移到最近的陆地上。躺在甲板上那个水手（右图），需要医务救护，他在接受治疗后被送回到救生艇上。

群岛延伸到了兰兹角的海域，已经完全把联合王国东面德国的无线电通信区域都覆盖了。在冰岛、格陵兰和纽芬兰的D-F网站建成之后，D-F网络就覆盖了整个北大西洋地区。邓尼茨不得不推定，在海上的潜艇发出的无线电信号均被截获，由此暴露了潜艇的位置。他当然不能禁止使用无线电，他的整个方法——发现目标和部署成群的潜艇来攻击它们——都依靠无线电联系。但是他命令他的船长们往后对无线电通信加以限制，要用绝对精练的语言，要不断地改变波长和波段，使英国的D−F网站难以搜索到他们的信号。

比起D−F问题来，更令邓尼茨烦恼的是从一开始就存在的问题：在广阔的大西洋洋面上没有足够的潜艇来寻找目标。令人费解的是海军最高统帅部连续不断地从他那里调走船只去做被他认为是“附属任务”的事。两艘潜艇不得不长年驻扎在大西洋西部地区，为戈林的纳粹空军提供天气预报。当希特勒于1941年6月入侵苏联的时候，邓尼茨接到一个命令，派8艘潜艇去波罗的海地区。事实上他们发现那里没有可攻击的目标，于9月返回了潜艇基地。从7月开始，邓尼茨不得不派遣另一支由4～6艘潜艇组成的队伍到北极地区，这是没有意义的行动，因为盟国的船队还没有开始往俄罗斯的巴伦支海港口运物资。一次又一次地把潜艇从它们攻击的战场上调走，为偷过封锁线的船、辅助巡洋舰、供应船和抓获的战利品船护航。

与英国空战之后，被削弱的纳粹空军为争夺大西洋的霸权而参与的战争越来越少了。仅有一次，在1941年4月，纳粹空军击沉了30万吨英国船只，勉强完成了当月的计划任务。邓尼茨比以前更加确信，如果经济封锁能促使英国投降的话，那他的潜艇将会是占据优势的武器。他当然不能亲自与希特勒争论附属任务的问题。可每次可能影响他的军事行动决定之时，他可以并且的确把他的情况向雷德尔和海军最高统帅部做了汇报。大多数情况下雷德尔同意他的看法，把他的意见及时反馈给元首。

邓尼茨有时对雷德尔和他的下级期望太高。他曾抱怨800名造船厂的工人从正在修理的潜艇上撤走，去修理毁坏的巡洋舰希佩尔号（潜艇不得不在海里待35天，在干船坞上待65天，因为船厂缺人手）。雷德尔的一位作战参谋就此事回复邓尼茨的长长的备忘录时，在页边加了批注："我们不想成为一支只有潜艇的海军部队。"

邓尼茨把他的强烈主张建立在简单计算的基础上：他觉得，把潜艇派到北大西洋以外的地区，只有在可能击沉敌船时才值得做。1940年6月，在海军最高统帅部行动区域多元化的高压下，他极不情愿地同意把一艘潜艇派到南大西洋地区，并且在以后的6个月里，向该地区又派遣了两艘。1941年2月，只是当在北大西洋的"有效的份额"下降的时候，他才向南大西洋、非洲西海岸、遥远的塞拉利昂的弗里敦派遣了新投入使用的IX型潜艇。弗里敦距比斯开湾德国军事基地2800英里，是从南美洲及从中东和远东绕过好望角来的盟军船只的集合地。比较慢的船在那里组成船队；较快的船独自向北行驶。虽然IX型潜艇比VII型潜艇体积大、行动笨拙，但是它的射程较远。通过与水面上的补给船秘密会合，补充燃料和鱼雷，它们在返回基地之前可以进行两次巡逻。弗里敦周围很适宜狩猎：大型的潜艇毁掉了 74 艘敌船。其中京特尔 · 海斯勒领导的 U-107 号就击沉了 14 艘商船，共计 87000 吨，是此次战斗巡逻最成功的潜艇。“成绩卓著，”邓尼茨评论说，“甚至还是一个优秀的战术家和鱼雷使用技术大师。”海斯勒还是邓尼茨的女婿，有这层关系使得邓尼茨推荐他获骑士十字勋章时有些难为情，他害怕批评者们说他偏私。当雷德尔恼怒地告诉他，如果邓尼茨再不推荐，他会亲自推荐时，邓尼茨才消除了心中的疑虑。

到 1941 年的春天，邓尼茨清楚地认识到，美国海军为了保护英国的生命线，中立的美国军舰和德国潜艇之间早晚要发生冲突。6 月 20 日，U-203 号潜艇在英国群岛周围的封锁区巡逻，看到一艘有 USS（美国军舰）标志的得克萨斯号战舰。这是美军首次在该地区冒险行动——当希特勒发布那个命令的时候它没预料到有船入侵。潜艇船长把看到的情况向总部做了报告，并且没有等总部指示就试图进入阵地发射鱼雷。不过风大浪急，再加上那艘战船走的是“之”字形路线，攻击未能成功。邓尼茨命令 U-203 停止进攻，在第二天，他与希特勒进行了协商。之后，他向所有的船只发送了下列通知：“元首命令，在以后的几周内，避免与美国发生冲突。在任何情况下都要严格执行命令。进攻的对象是巡洋舰、战舰、航空母舰并且断定是敌方时才能行动。没有开灯的战船不能被当成敌船。”

为了不给美国参战的借口，希特勒拼命地避免有关事件的发生，要求邓尼茨的灰狼保持缄默。现在美国战舰和英国战舰联合执行护航任务，德国潜艇甚至不能再进攻它们最危险的敌人——英国的驱逐舰、三帆快速战舰和轻型巡洋舰——因为害怕一不留神把美国船打沉了（后来命令允许潜艇自卫——不过仅仅是在被攻击的情况下）。邓尼茨清楚元首命令背后的政治原因，比较温和地接受了，可他的指挥官们和水兵们变得很愤怒，感到很灰心。

德国潜艇和美国军舰之间的冲突是不可避免的。1941 年 9 月 4 日，U−652 号潜艇在冰岛南部被一架英国飞机用深水炸弹轰炸；为了报复，潜艇向追赶的驱逐舰发射了两枚鱼雷，那艘驱逐舰却是美国格雷厄号，鱼雷没有击中。10 月 10 日，从一艘正在进攻的潜艇发射的鱼雷击中了美国克尼号，当时该美国驱逐舰正担任英国船队护航任务，船上的 11 名船员死亡。他们是美国在战场上阵亡的第一批。3 个星期之后，在冰岛西南部冰冷的海水里，27 岁的埃里希 · 托普率领的 U−552 号潜艇逼近了一支他认为是由英国护航的美国船队。可他船上的十字瞄准线对着的是美国驱逐舰鲁宾詹姆斯号。在许多年之后的一次采访中，托普描述了那次遭遇战。“拂晓时我们发出去两枚鱼雷，”他回忆道，“其中一枚撞到了船中部，并且正常引爆。不一会儿，在那艘破碎的驱逐舰周围又响起了剧烈的爆炸声。后来我们明白了，那艘船上放满了深水炸弹，深水炸弹也爆炸了。当时的感觉是我们与敌人作战，并且击沉了对方，驱逐舰是我们最可恨的敌人。”托普说，“后来回忆起来兴奋得我几个晚上都不能入睡。”

115 名美国官兵和鲁宾詹姆斯号沉入海底。这次沉船事件发生在珍珠港事件的一个月之前，它成为想让美国参加反希特勒德国战争的人们的激动人心的战斗口号。

The capture of the German submarine U 570 by a Lockheed "Hudson" of the British Coastal Command.
BACK THEM UP!

一张描述 U—570 号潜艇向一架英国空军海防总队侦察机投降的海报，1941 年 8 月，那艘潜艇在冰岛附近露出水面的时候，侦察机向它投掷了深水炸弹。在英国皇家海军把战利品拖到港口之前，美国制造的洛克希德－哈得逊飞机在潜艇的上空盘旋了数小时。

同时，法国凯内韦尔德国潜艇总部博物馆里的成绩表越来越不乐观。击沉敌船的吨数急剧下降，5 月和 6 月是 635635 吨，7 月和 8 月是 174519 吨。在 8 月间，英国每周的进口量是 100 万吨，达到了当年最高水平。

刚进入秋天时，邓尼茨准备加大攻势。他当时几乎拥有 200 艘潜艇，每次都可以有 80 艘出海行动。可是在遥远的战争前沿不断地有事阻止他那样做。初夏，埃尔温·隆美尔将军恳求希特勒对他的驻非部队进行援助。元首非常担心盟军对隆美尔的生命线构成威胁，与

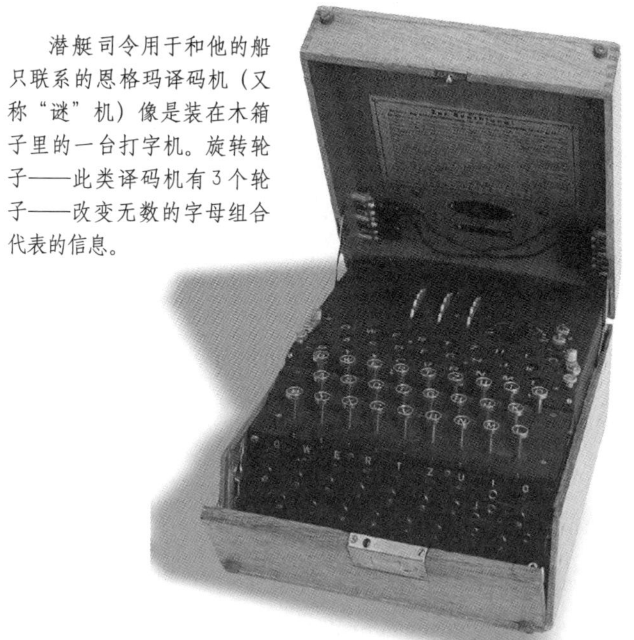

潜艇司令用于和他的船只联系的恩格玛译码机（又称“谜”机）像是装在木箱子里的一台打字机。旋转轮子——此类译码机有3个轮子——改变无数的字母组合代表的信息。

海军最高统帅部联合对潜艇舰队下了命令，把主要军事力量转移到直布罗陀海峡和地中海地区。邓尼茨强烈抗议，没有奏效。德国潜艇在北大西洋的作战实质上中断了。11月仅有18艘敌船被击沉，12月仅有12艘，两个月加在一起不到15.4万吨。

邓尼茨并不清楚，还有几个其他因素促使了击沉敌船数量的下降。5月9日，著名的弗里茨－朱利叶斯·莱姆普领导的U–110号潜艇在第二次巡逻时在格陵兰南端攻击了一支由护卫舰严密护送的船队，被英国的一艘轻巡洋舰逼出水面。莱姆普和他的战友们害怕潜艇被撞沉，放置延时炸弹后弃船急忙撤退。当莱姆普看到炸弹没有爆炸，英国兵将要控制那艘潜艇时，试图爬回去重新安置炸弹，被登到船上的一名英国兵当场打死。英军完好无损地捕获了U–110号潜艇，包括上面所有的电码本、密码文件和用来译成无线电信号密码的英格玛译码机。

对此潜艇的进一步研究取得了明显成效。英国的译解密码专家们经过夜以继日的工作，破译了主要军事密码，海米什代码，即“家”代码。一周之内他们一直在译解德国的无线电通信，并且指导船队指挥官改变路线。从6月到8月，潜艇在北大西洋航线上只阻击了4%的英国航船，从9月到12月仅为18%。

英国把俘获U-110号的消息加以封锁。邓尼茨没有收到潜艇上的无线电信号，简单地判断为船沉了或者是毁坏了，没有想到他的通信秘密已经泄漏了。他也不知道在海上的另一支美国部队也打了一个漂亮的翻身仗，于1941年8月28日在冰岛以南80英里处完好无损地捕获了U-570号潜艇。潜艇露出水面时被一架英国飞机发现，飞机骤然下降进行攻击。潜艇上的船长第一次巡逻，他惊慌失措，挥动着白衬衫表示投降。U-570号给英国专家提供了大量的信息，诸如德国潜艇的速度、移动特征、潜水能力、机械部分发出的各种噪音的特征和音量。对反潜艇战术家来说，这些都是极为重要的数据。一旦研究专家知道怎么用后，U-570号被重新命名为HMS－格拉弗号回到大海，不同的是带着英国船员。

10月，新型的高频测向仪安装在沿海电台和出海的护航舰上，英国的防御能力有了长足进步。被水兵们称为哈夫达夫的电子定位装置可以接受在海上的德国潜艇发给陆地上的邓尼茨总部的无线电信号，在德国船只发出 4 个阿拉伯数字之后就可以确定它的位置。整个船队仅需要一台高频无线电测向仪来提醒它躲避逼近的德国潜艇就可以了。尽管德国谍报人员提供了海上护卫船上的高频无线电测向仪的照片，但是很显然邓尼茨和他的官兵们从来没有在船上真正见过这种装置。

那一年结束之前，邓尼茨又一次受到了重创。他集合了 9 艘潜艇组成的狼群，进攻一支代号为 HG76 的船队，珍珠港事件一周之后，12 月 14 日，此船队的 32 艘商船从直布罗陀出发。此船队有一支异常强大的护卫队伍——一艘驱逐舰、7 艘轻巡洋舰、2 艘单桅帆船，并首次使用了一艘辅助航空母舰勇猛号。

邓尼茨的雷达在西班牙海岸发现了那支船队，并且一天接着一天地向北尾随着。可是一个星期过去了，潜艇费尽了周折才击沉了勇猛号、斯坦利号驱逐舰和两艘商船。水面舰艇和飞机无情地追击潜艇（为了逃命，一艘潜艇在 19 个小时之内潜水 8 次）,5 艘潜艇被击沉，其中一艘是恩格尔伯特 · 恩德拉斯少校率领的，恩格尔伯特 · 恩德拉斯是邓尼茨的王牌。当一架美国制造的解放者型轰炸机从 800 英里以外的英格兰空军基地起飞，于 12 月 22 日出现在那支船队的上空时，邓尼茨命令 4 条幸存的狼停止战斗。它们稍作修整后勉强回到基地。

与 HG76 的相持不下和前两个月战绩的不佳，使邓尼茨的一些参谋们得出一个结论：德国的潜艇再也不能成功地阻截运输船队了。虽然在早期的战争日记中，邓尼茨曾写道："由于盟国飞机的存在，使得德国潜艇的狼群战术无计可施。"但是，他还是不想就此罢休。不过，他仍然发出了一条新指令。到目前为止，当任何一艘潜艇发现目标后，它的任务不是立即攻击，而是盯住目标，直到协同作战的潜艇到达该海域时才能发动进攻。现在，邓尼茨在新指令中允许他的潜艇指挥官们随意进攻担任护航任务的任何一国的军舰，而不必像原来那样先报告海军总部，等协作潜艇会合之后再行动。显然,有利于猎手的机会比原来少了。邓尼茨还写道:"1941年在一股担忧和焦虑的气氛中过去了。"

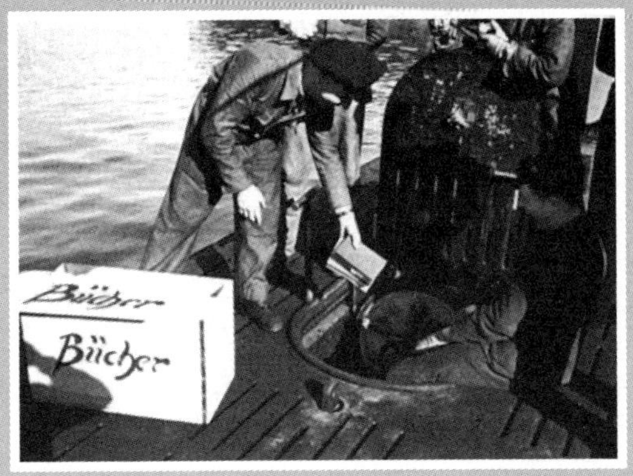

在狭窄的工作间里的伙伴们

准备出海时，船员们耐心地通过舱口传递图书。需要带的东西很多，所有的供应品、食品、衣服、氧气瓶和空闲时的读物都从窄小的舱口传递到船上。

一个水兵抱着一大抱又硬又黑，被称作科米斯布罗特的海军面包。潜艇巡逻通常带约 4 吨重的食品——够 50 个人吃两个月。

在洛里昂的码头上，值班军官（后图中间）指挥鱼雷工作人员把一枚1.5吨重的鱼雷送进前鱼雷口。

“我第一次进入那个导致幽闭恐惧症的窄地方时，我想，‘你不能忍受。’”潜艇指挥官埃里希·托普在介绍狭窄、有恶臭的潜艇世界时回忆说。在潜艇上服役和媒体上报道的富有魅力的冒险截然不同。然而就是这样，大多数年轻的“狼”们，包括托普在内，很快就适应了在外号为“铁棺材”的潜艇里面的生活，巡逻一次回来的人们几乎不能等下一次。

与世隔绝数月，并且常常有危险，潜艇工作人员的器官像是一个简单的生物体一样停止了活动。每个人对其他人的思想和癖好都很清楚，对他们周围的大海产生了感情。“潜艇塑造人。”托普说，他成为第三位收获最大的海军王牌。“大海成了他们生活中一个不可缺少的组成部分。他们产生了新感觉，有对噪音的，有对振动的，有对盐的，有对水的，有对海里温层的。当潜艇人离开港口，关上指挥塔上的舱盖时，就向这有太阳、有月亮、有星星和五彩缤纷的世界说再见了。在铁管子里面的生活是非常单调的，最重要的是友谊和生存的愿望。”

1

每个岗位都有能手

2

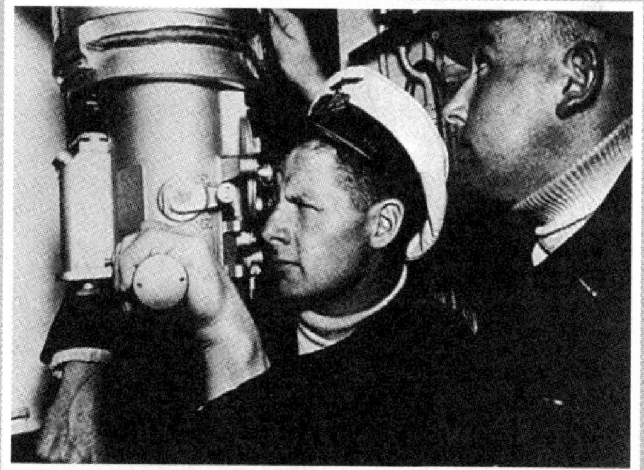
3

4

1. 柴油机室的一名机械员用左手紧握着手动控制风门，他戴着手套，防止发动机热的部分把手烫伤。他用右手转动电报机刻度盘上的指针，自动发出信号，说明他接到了船长改变速度的命令。

2. 无线电操作员用长波接收器收听潜艇与外界联系的信号。当潜艇位于水下差不多 70 英尺的深度时，长波可以穿透大约 30 英尺的水到达天线。

3. U－96 号潜艇上的船长海因里希·莱曼－威伦布鲁克在控制室里用航海潜望镜凝视远方。他戴着一顶白帽子，帽子上面有指挥官的徽章。

4. 鱼雷工作人员仔细地调整一枚鱼雷的引导系统，鱼雷上的电池、推进器和机械点火装置都在不断检查之列。

充分享受水下生活

在巡逻开始时，船员们盘点补给品，包括吊在鱼雷室顶上的香肠。潜艇上没有食品橱柜，当东西准备充足时，里面的每一个角落都占满了。

厨师在他的小厨房里尝锅里的汤。潜艇人员的给养在德国军队里是最好的，不过食品很快就有了特殊的味道，一个船员形容为“夹杂着霉菌的汽油味”。

U—103 号潜艇上的水手们在两枚鱼雷上支了一块简单的桌面，全神贯注地吃着热气腾腾的饭。

1

2

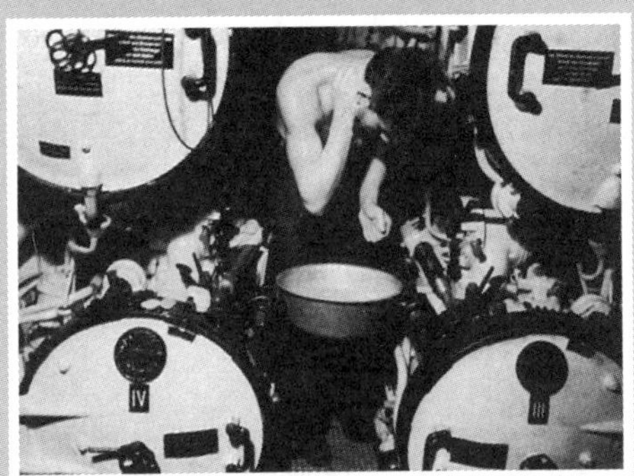

3

与疲劳和长期的潮湿做斗争

1. 一名潜艇水手把他的毛线衫搭在潜艇发动机控制板上晾干，尽管做出了努力，但大部分衣服在湿润的空气里还是干不了。

2. 两个不当班的水手忘记了周围的环境，聚精会神地下着国际象棋。为了活跃气氛，战友们对下棋和玩扑克加以鼓励，并设奖品。他们常常替胜利者值班。

3. 架在两个鱼雷发射管之间的脸盆让潜艇人用海水洗一个海绵擦洗浴。由于缺乏洗澡的淡水，大部分船员用科里布里擦身上。科里布里是一种科隆香水，用这种浓浓的香气压住空气里面的臭气。

4. 没上班的机械工们舒舒服服地躺在鱼雷室里的吊床上读书消磨时间。

5. 疲惫的船员们瘫倒在发动机之间小睡几分钟。他们在潜艇上从来没睡过安稳觉。他们4个小时一轮班，下班后睡觉时常被灯光、噪音和剧烈的颠簸打扰。

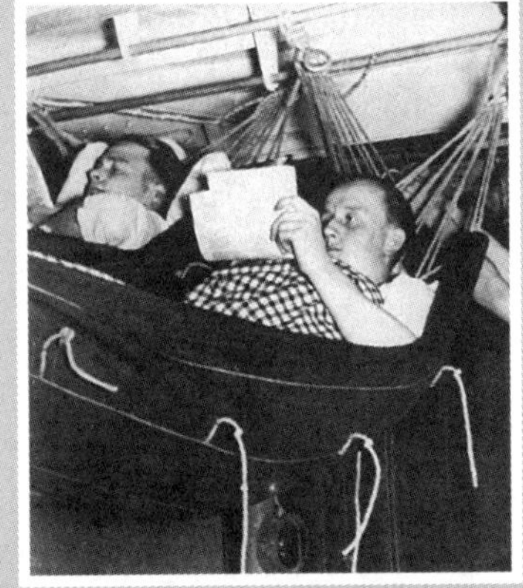

4

甲板上易受伤害的瞬间

1. 巨浪席卷了U–103号潜艇的甲板，当时两个工作人员正在对37毫米的高射炮进行应急修理。

2. 在雨天潜艇浮在水面上时，船员打开指挥塔上的舱口，白花花的水从上面流下来，把他的衣服浇透了。

3. 一个旗手向一艘经过的船只发出信号以证明身份，驾驶台上的士兵观察动静。这是战争初期的一张照片，当时大部分潜艇在敌船上的船员弃船时后再开火。

4. 一名无线电操作员危险地站在甲板炮管上，在战友的帮助下修天线。他们俩的腰上都系了一根从指挥塔上放下来的安全绳。

2

3

4

攻击的乐趣

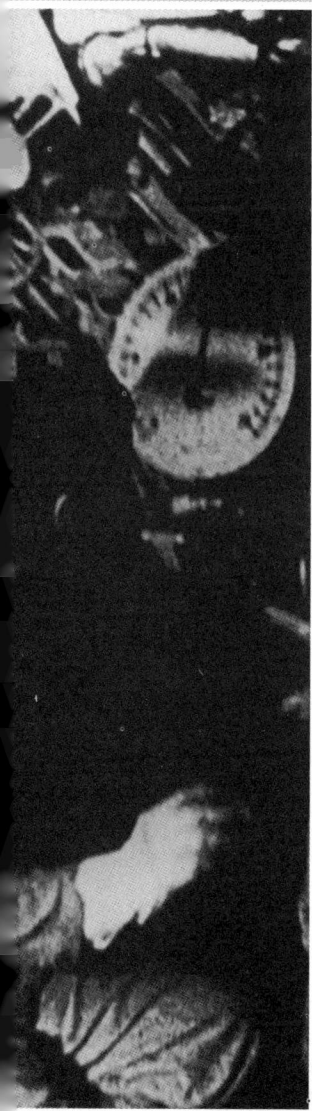

1

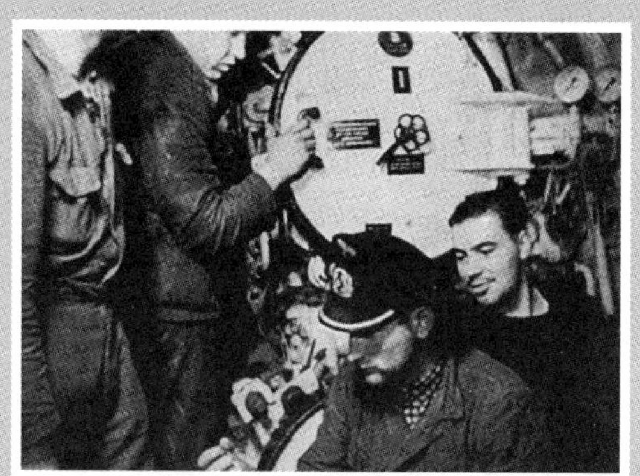

2

3

1. 船长握着攻击潜望镜手柄，转头大声发出发射鱼雷的命令——“Los”。

2. 鱼雷室的值班军官计算鱼雷到达目标的时间。“在生死攸关的时刻，我给船上的人们拍了照。”一个军官写道。对于潜艇上的人们来说，刺耳的爆炸声发出之时就是他们胜利的时刻。

3. 从潜艇上的88毫米甲板大炮发出的炮弹给伤残的敌船致命的一击。用鱼雷击中后，指挥官常常用大炮结束战斗，以节省有限的鱼雷。

进攻的紧张时刻

1

2

1. 一个船员接到潜水命令，把两个主要排气阀之中的一个关闭。

2. 在潜艇为了免受攻击而潜水时，船长小心地监控着深度表。潜艇潜水太深，它的阀门有爆裂的危险，在较大的水压作用下船体会被压扁。

3. 为了使潜艇保持静止状态以蒙骗驱逐舰，船员们穿着绒鞋，以减轻脚步的声音，手工给舱底注气，关闭机械泵。长时间玩装死的游戏使得舱内缺氧，于是人们通过二氧化碳过滤器呼吸。

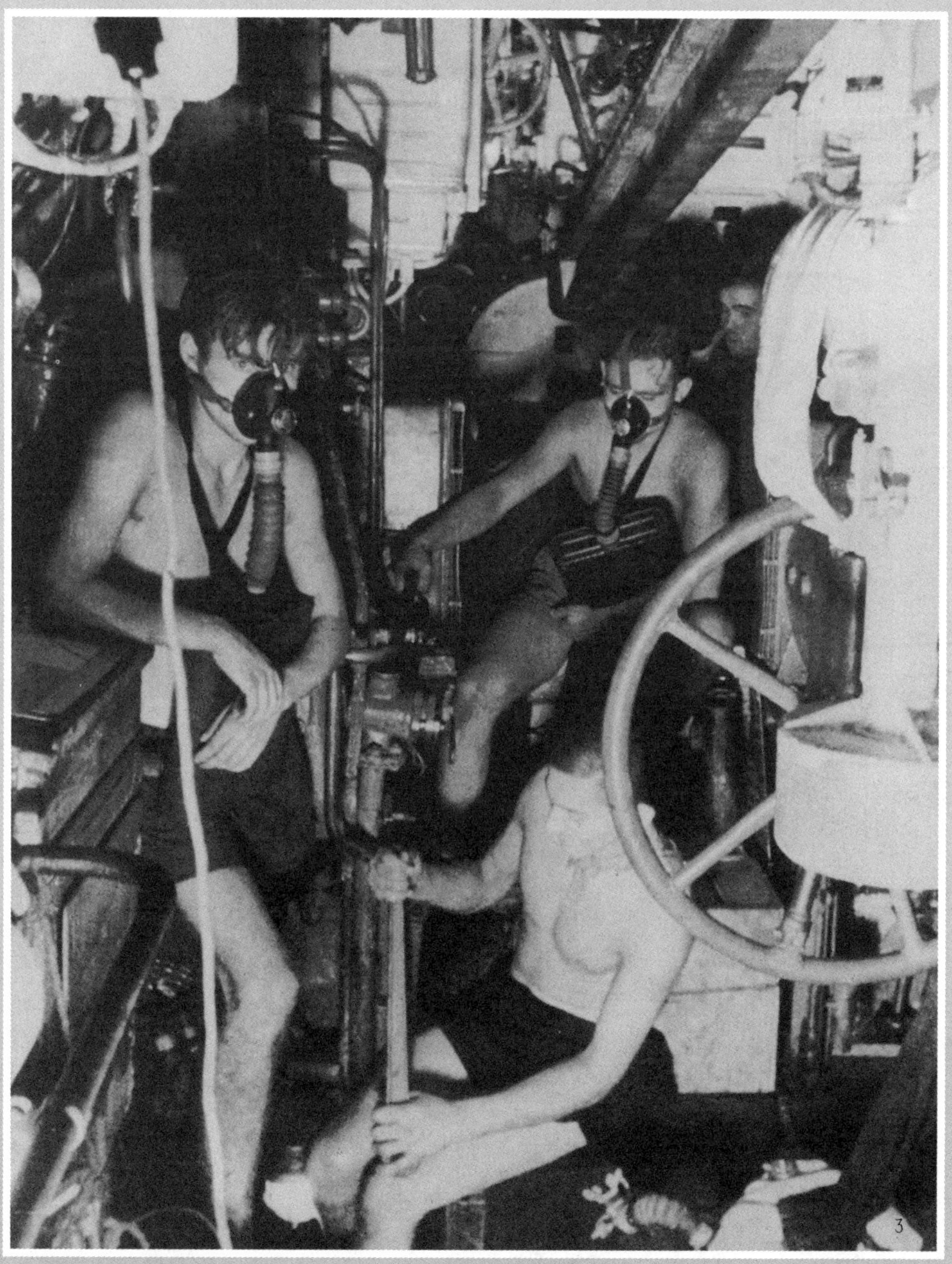

猎人们得意地返回

1942年5月，以莱因哈特·哈尔德根为船长的U-123号潜艇驶进它的母港——基尔，指挥塔上飘动着胜利的三角旗。一面旗代表击沉的一艘盟军的船只，带颜色的数字表示被击毁的船的吨数。

从猎场安全回家的潜艇船长津津有味地喝下一瓶德国啤酒。“我们确信我们跳出了魔掌，”一名回来的潜艇人欣喜若狂地说，“活着回来真是万幸！”

3. 扩大猎杀范围

U-81号潜艇即将进入英国人的圈套。1944年11月，在宁静的夜空下，海面上风平浪静，潜艇沿摩洛哥海岸航行，船上没有一个人被眼前怡人的海景所迷惑。在海军少校弗里德里希·古根伯格的带领下，U-81号正载着全体船员朝地中海和大西洋之间的唯一海上通道直布罗陀海峡进发。这是一群久经沙场、经验丰富的老水兵，他们都参加过苏联西北部港口城市摩尔曼斯克沿岸和大西洋海域的潜艇战。他们深知，现在他们将要面临的是有史以来最危险的一次海上冒险，他们要穿越直布罗陀海峡。

海军上将卡尔·邓尼茨用进入圈套来比喻此次行动的危险性。这不是危言耸听，而是此时此刻他的心情的真实写照，就在这一天的晚上，U-81号艇的全体人员将会亲身体验到为什么这片海域是德国潜艇的克星，是德国潜艇的坟墓。直布罗陀海峡不仅狭窄（在西班牙海岸的塔瑞发，中间只有8英里），而且海水浅，同时还受到自西向东的洋流的冲击，造成入口水流湍急，而出口潜艇根本无法通过。除了客观因素外，海峡如今在英国人手中，所以任何一艘欲穿过海峡的德国潜艇不得不和驻扎在直布罗陀的英国海军的猎潜反潜部队交火。

1942年4月，拜伦·T.本森油轮在哈特瑞斯角海岸被鱼雷击中船体中部，顿时浓烟滚滚。1～7月间，美国刚刚宣战，十几艘德国潜艇在美国和加勒比海水域击沉495艘货船或油轮。

这支猎潜反潜部队由皇家雅克号航空母舰、一艘巡洋战舰、两艘炮火威力极大的主战列舰和 8 只驱逐舰组成，所有这些都是用来对付像 U−81 号这样的入侵潜艇的。

随着午夜的临近，U−81 号潜艇从西南方向悄悄驶向直布罗陀海峡，英国人认为，德国潜艇从这一方向进攻的可能性最小。当第二班的值班领航员从甲板上报告他嗅到了泥土的气息，看到了摩洛哥北部的港口城市丹吉尔的灯光时，他还下意识地加了一句：“见鬼，怎么这么近！”但是，此时，由于贴近非洲大陆的边缘慢慢滑行，潜艇已躲过了英国的外围巡逻舰防线。随着水道越来越窄，船长指挥潜艇驶向海峡的中央，不久，甲板上的人就看见了塔瑞发港口的方向导航灯。负责监视的海员们用望远镜仔细地瞭望着夜空下的情势，他们发现了一艘大货船，所有的船灯紧闭，在黑暗中驶出港口，悄然驶向大海。这是一个很诱人的攻击目标，但是，目前还不能进攻，时机还不成熟。

潜艇继续在海峡中央行驶，但是，对于精神高度紧张的船员们来说，两岸近在咫尺。塔瑞发导航塔上导航灯的每一次旋转照明，都给潜艇的甲板上带来短暂的光亮。潜艇驶过港口，海峡变得越来越宽，穿过阿尔及利亚湾，在漆黑夜空的映衬下，堡垒石头隐隐约约，凹凸不平。现在，负责监视的水兵看到了一条由许多船只组成的警戒线，这条警戒线横穿了整个直布罗陀海峡。古根伯格知道这些船肯定是用某种网状物或钢丝绳互相

地中海运输生命线

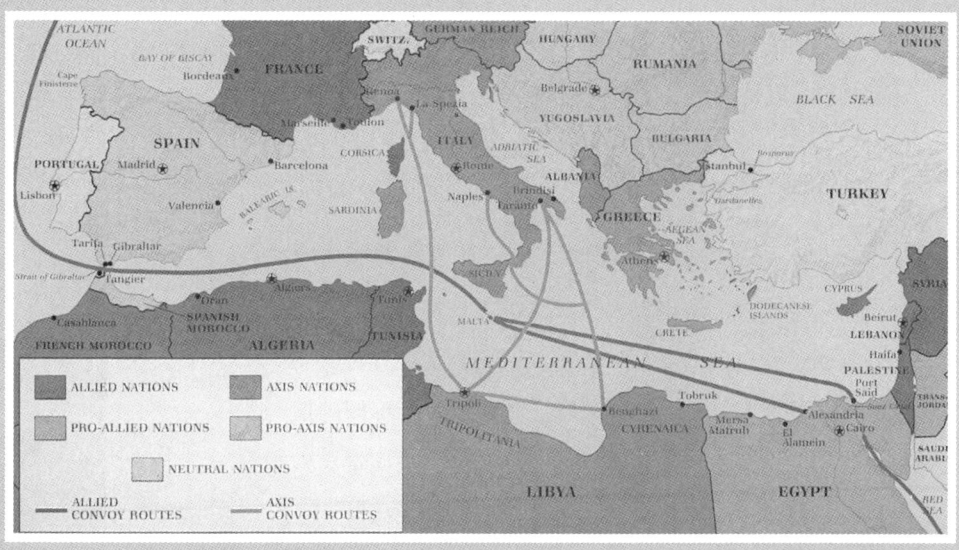

德国人和英国人的目标一样，地中海之战，都是要加强他们各自在北非的军事争夺。1941 年秋天，阿道夫·希特勒下令潜艇驶入地中海，任务有二：一是打垮英国皇家海军对轴心国运输线的控制，（轴心国运输线是从意大利各港口到已占领的利比亚，浅色线）；二是对盟国的从大西洋通过直布罗陀海峡进入地中海，以及穿过苏伊士运河进入红海的运输线（深色线表示）构成威胁。战争最关键的地点是英国控制的马耳他岛，该岛位于西西里岛南部，是东西水道的中间咽喉。图中显示了德国潜艇进入地中海时各国的占领情况。

连接，于是他决定潜艇继续在水面上行驶，向他所能看到的最宽的缝隙驶去,希望他们能侥幸躲过对方的雷达。警戒线船队的探照灯离他们越来越近，继而，探照灯扫到了潜艇的船体中部。船员们屏住呼吸，都不知是天堂还是地狱，但是探照灯继续向艇尾扫去，潜艇安然无恙，躲过了一劫，他们都松了一口气，心中祈祷，但愿好运一直伴随着他们。

前面出现了两艘美国的驱逐舰，在直布罗陀海峡交叉向对岸航行。古根伯格抓住空隙沉稳地指挥潜艇驶向两艘驱逐舰之前的交会点。就在两艘驱逐舰背对背向对岸驶去的时候，U-81 号潜艇巧妙地躲过了军舰的探测，终于安全地进入地中海海域。到此时，全体官兵们才松了一口气，除了值班的以外，都回舱睡觉休息。二副嘲讽地笑着说：“先生们，上帝赐给你们这美丽的安稳觉，别忘了感谢它保佑你们。”

德国潜艇的王牌船长汉斯－迪特里希·弗瑞海尔·冯·蒂森豪森（左）和弗里德里希·古根伯格（右）与意大利的瓦伦瑞奥·波瑞赫斯上校交谈。他们 3 位刚刚荣获意大利政府颁发的 1942 年度勇敢者勋章。古根伯格由于击沉了皇家雅克号而获此殊荣。

1940 年 11 月，在皇家雅克号航空母舰的带领下，一支英国皇家海军舰队在平静的地中海行驶。一年之后，U−81 号德国潜艇在直布罗陀沿岸将这艘 22000 吨的巨轮击沉。

然而，在德国潜艇上，又是在一触即发的战争状态，不可能美美地睡，人人都处于半睡半醒状态。虽然邓尼茨对德国潜艇是否应该继续待在这一海域持保留意见，但是元首还是于 9 月份签署命令：6 艘潜艇离开德国在大西洋的捕猎场，开到地中海帮助改变北非即将发生的灾难。11 月份，元首又调遣 4 艘潜艇前去支援，U−81 号是其中的一艘。它们的任务不是对付那些手无寸铁的商船，而是对抗强大的英国皇家海军。

1940 年 6 月，法国的沦陷和意大利的宣战，有效地从东部隔断了英国在地中海的运输线。开往英国的商船不得不绕过南非的好望角，然而，温斯顿 · 丘吉尔是不会就这样放弃地中海的，他决定调派力量加强英国三大咽喉部位的防守，它们分别是：直布罗陀海峡的西部入海口、西西里岛南部的马耳他岛堡垒和苏伊士运河附近的埃及所属的亚历山大港。丘吉尔增派了英国主战舰的一半和 32 艘驱逐舰加强三地的战略防御。很快就证明，丘吉尔这一战略部署是英明的，是有必要的。1940 年 9 月，意大利在北非发动攻势，从利比亚向东直逼亚历山大港，10 月，入侵希腊。然而，在强大的英国海军面前，他们的海军不堪一击，马上就显出不是对手。意大利不仅没有占领希腊，反而把具有重要战略地位的希腊南部的克里特岛丢了，英国人轻而易举地就抢占了另一个重要的军事要塞。结果，12 月，武器精良的强大的英国军队在北非发动反攻，把意大利人又赶回了利比亚。

1941 年初，德国开始帮助意大利。希特勒出手相助，并不是真心帮助意大利，而是别有用心，他又盯上了一个更大的猎物——苏联。而入侵苏联，首先必须稳定北非和巴尔干地区的形势。2 月，隆美尔将军带领两支海

军陆战队，进入北非增援那儿的意大利军队，虽然他真正的使命只是守住阵地，但是，3 月 31 日，他却发动了进攻，并迅速直抵埃及边境与英军对垒，而此时英军为了加强希腊防御调开了部分兵力。4 月，德国军队又在希腊发动猛烈的攻势，10 天之内，使驻扎在希腊的英军溃退败北。

尽管英军的陆上作战频频失利，但是英国却没有因此战败，英国的海军改变了英国的命运。英国的海军战舰不断地截击德国和意大利供给北非远征军司令隆美尔的运输船队，同时，还炮轰了隆美尔设在利比亚首都的黎波里的给养仓库，从而使德军的后备供应陷入瘫痪。不仅如此，英国战舰还派兵增援利比亚东北部的港口城市托布鲁克，加强那儿的守备。这是一个非常重要的交通要塞，距离埃及 75 英里，是隆美尔供给运输的必经

这一组照片是从一艘英国战舰上拍摄到的。它们真实地再现了 1941 年 11 月 HMS—巴哈姆战列舰在埃及海岸附近被 U—331 号击沉的场景。U—331 号的船长是弗瑞海尔·冯·蒂森豪森。战列舰被 3 枚鱼雷击中后，舰上的弹药仓爆炸，战列舰被炸为两半。

之路，英军加强防守给隆美尔的运输线带来了更大的威胁。所以，当英军4月底不得不放弃希腊的时候，英军战舰成功地撤离了5万名士兵。

1941年夏季和秋季，英国战舰加紧了对隆美尔供给运输线的封锁，卡住了德军后备补给的脖子，而在此期间，早已元气大伤、失去抵抗力的意大利战舰只能装装样子，对英国战舰根本构不成任何威胁。这样，到9月份，给隆美尔运物资的船有1/3在途中被击沉或受损。在随后的几个月里，又有一多半物资受损，隆美尔不得不撤退到他的最初出发地点，不仅在战场上连连败退，而且后勤基地也遭重创。至此，德国必须采取相应的措施支援隆美尔来挽救这一切。正是在这种情况下，希特勒坚持让德国的潜艇进入地中海参加这场战斗。

11月13日，即U−81号潜艇冒险进入地中海的第二天，德国终于有了一个报仇的机会。潜艇指挥部通过无线电得知：由英国皇家雅克号和狂怒号两艘航空母舰和马来亚号战列舰组成的英国攻击舰队，5个小时前袭击了一支意大利运输船队后，向西航行。古根伯格不知道英国舰队在哪儿，但是，他非常清楚这只舰队的目的地——直布罗陀海峡。于是，他下达命令，潜艇掉转船头，径直返回刚刚摆脱的那个危险的咽喉地带。为了抢时间，潜艇没有下潜，而是在海面上全速行驶，但天上的飞机和海上的驱逐舰迫使潜艇一次次地下潜，事实证明，他的判断完全正确。下午2点20分，3艘英方主力舰出现在他的潜望镜里。

不顾 6 艘英国驱逐舰和一架飞机造成的威胁，古根伯格把潜艇停下来，把 4 枚船头鱼雷都准备好，当潜望镜的十字准线瞄准一艘主舰的船头时，古根伯格下令："开火！"由于突然失重，U−81 号潜艇的前部陡然向上跃起有 10 英尺，似乎要冲出水面，古根伯格命令所有的人手都到船头来增加船头的重量，保持由于突然失重引起的船身失衡。船头慢慢倾斜而下，潜艇还没有完全平稳时，他马上下令急速下潜到 300 英尺的地方。

就在 U−81 号像利剑般刚刚下潜到预计的安全深度时，船员们就听到远处两声巨响，两发鱼雷击中目标，继而是驱逐舰靠近带来的水纹的巨大波动。驱逐舰投放了几枚深水炸弹，但是深度不够，对潜艇没有构成威胁。一会儿，水面上的声音停止了。

英国驱逐舰探索器的脉冲波射在 U−81 号潜艇外壳上发出震耳的巨响，潜艇上的人心里都非常清楚，这意味着什么，下一步要发生的事是不言而喻的，英国的深水炸弹地毯式地在潜艇正上方铺开。古根伯格命令两台发动机全速前进，当务之急是以最快的速度离开这一水域。他一秒一秒地数着，每过一秒钟，深水炸弹都要比前一秒近 10 英尺。舵手开始往嘴里塞杨梅，第一声爆炸从距离 150 英尺的上方传过来，船体左右摇摆了几下，发出了吱嘎吱嘎的声音，艇内的灯泡从底座弹起，玻璃器皿都被震碎了。随着每一次可怕的剧烈震荡，舵手就吐出一个杨梅核，他以此来记录深水炸弹的数量。驱逐舰不间断地投放深水炸弹，但是U–81号潜艇顶着压力在水底缓慢地滑出了英军的攻击范围。经过3个小时的海底航行，被追逐的德国潜艇的船员们听到了距离他们2.5海里以外传来的一声深水炸弹的爆炸，那是他们听到的最后一次爆炸声。而此时，舵手早已停止从嘴里吐杨梅核，英军共投放了130枚深水炸弹，幸亏他明智地停止了他的记数动作,否则他的肚子早就撑不住了。

事后，古根伯格才知道，他发射的4枚鱼雷中有1枚击中了皇家雅克号，并且使这艘航空母舰马上陷入瘫痪,受了重创的皇家雅克号在要下沉时被拖入直布罗陀。虽然只有一人死亡，但是却损失了72架飞机。第二枚鱼雷击中了马来亚号，幸运的是它没有直接下沉，勉强航行到直布罗陀，等待全面修理。

11月25日，U–81号潜艇成功袭击英国航空母舰后第12天，位于地中海东部的埃及和利比亚边境沿岸的U–331号潜艇的船长蒂森豪森上尉发现了3艘英国战舰在8艘驱逐舰的护航下行驶。凭借超人的胆量和精湛的航海技艺，蒂森豪森把他的潜艇在潜望镜的深度下滑到2只战列舰的中间，从410码的地方，朝位于编队中间的巴哈尔号战列舰发射了4枚鱼雷，其中有3枚击中目标。

U–331号由于突然失重，艇的前部向上猛烈跃起，蒂森豪森不如古根伯格航海经验丰富，没有有效地控制住潜艇的平衡，U-331号的指挥塔在第三艘战列舰勇士无敌号前方150码的地方露出水面，英国勇士无敌号的船长马上掉转方向撞向U-331号。就在这千钧一发之际，潜艇的轮机人员马上操纵潜艇下沉，就在这时，勇士无敌号在U-331号上方划了一个大弧圈，一阵巨浪压向U-331号。这几秒钟的海水压力，使潜艇上的船员们感到呼吸困难，几乎憋得喘不过气来。几秒钟过后，潜艇摆脱了巨浪的压力，战列舰也从潜艇头上呼啸而过，总算是有惊无险。与此同时，海下的人们听到了第四声爆炸，可能是弹药库被引爆，巴哈马号被炸为碎片，862人丧生。

海上英国将士遇难的同时，海下U-331号潜艇上的全体官兵们也经历着一场不同寻常的煎熬。潜艇内的深度测量仪发生了奇怪的变化。潜艇急速冲破海水继续向海底下潜，而深度测量仪上的指针却令人担忧地越来越慢，最后，停在250英尺的读数上。艇内的人都明显地感觉到潜艇在继续下潜，但是，指针却没有移动，这可是一个危险的兆头。一艘潜艇的安全深度是330英尺。蒂森豪森马上又启用了第二个深度测量仪，结果令全艇人员不寒而栗，他们已经处于820英尺的深度。轮机人员的大脑“轰”地一下都要炸开了，不敢多想，他们停止下潜，又打轮上升。从理论上讲，潜艇的外壳在这么大的压力下早就被挤压破碎，但是，U-331号的外壳连一个缝都没有裂，真是万幸。U-331号不仅躲过了上空敌人深水炸弹的攻击，还奇迹般地逃过了水下压力这一劫。许多年后，蒂森豪森说："在那种情况下，没有人说话，能活着就是一种恩赐，还用说话吗？"

虽然德国在和英国最精良的舰艇的前几次较量中都捷报频传，但是，邓尼茨还是认为德国海军应该在大西洋一带活动，不应该把中心放在地中海。在11月和12月两个月里，他失去了9艘潜艇，这一数字是现在被派往地中海水域执行任务的潜艇总数的三分之一。而英军的燃油、军火弹药、食品和其他有用的物资却源源不断、毫发无损地穿过大西洋海域。从这一角度

灰狼的全套军服

潜艇里的恶劣生活环境要求特殊的服装和装备。大西洋北部的严寒要求服装保暖御寒，同时还要易于洗涤、防尘、防油。每一艘舰上还备有防水大衣（右）、夹克和紧急逃生用品（中）。虽然海上服装要求不是十分严格，但是元帅要求每一位船长必须佩戴或穿着一些军官服，以便和普通船员区别。

供甲板人员穿着的这身衣服，配有羊毛里衬，外面是加工过的皮革。大多数德国水手都喜欢蓝色的军便帽上配本舰的标志。

说，尽管邓尼茨保住了他的官位，但是，他的威信已经下降。

多年后，他怀着同样的热情写道：“当时德国海军的任务，最重要的是切断英国穿越大西洋的海上生命线——军火弹药运输线。正是这条运输命脉给英军补充着力量，正是这条运输命脉把大部分由美国提供的军火源源不断地运到英军手里。”把德国潜艇撤出急需加强的大西洋海域，“我认为那是一个严重的错误”。

尽管邓尼茨认为不应该调走大西洋的潜艇，但是英国人已经感觉到德国潜艇在地中海出现所造成的危险。虽然隆美尔不得已于 12 月初撤退到利比亚东北部港口城市托布鲁克的西部，但是，德国潜艇却使那一水

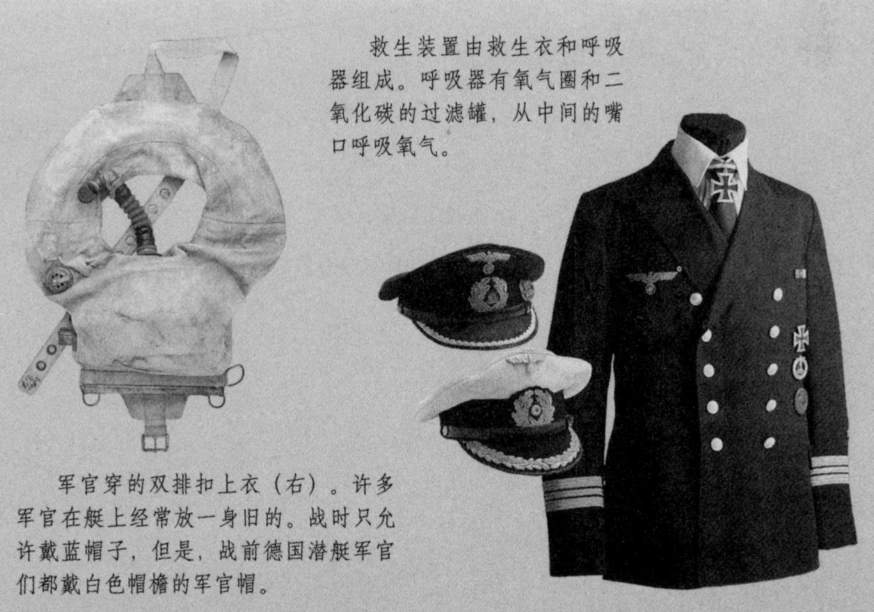

救生装置由救生衣和呼吸器组成。呼吸器有氧气圈和二氧化碳的过滤罐，从中间的嘴口呼吸氧气。

军官穿的双排扣上衣（右）。许多军官在艇上经常放一身旧的。战时只允许戴蓝帽子，但是，战前德国潜艇军官们都戴白色帽檐的军官帽。

域的英国海军陷入瘫痪。丘吉尔首相曾经严肃地向英国政府提交报告，报告中指出：7艘主力舰已失去战斗力，这占英国地中海舰队的三分之一。此外，能正常作战的巡洋舰和驱逐舰也屈指可数。德国运输队正把物资运送到隆美尔的手里。

1941年12月7日，日本偷袭美军在太平洋的海军基地珍珠港。当这一令世人震惊的消息传来时，德国潜艇的总指挥和英国海军统帅都很惊愕。这一消息不仅出乎德国人的意料，在德国首都柏林引起一片哗然，也在各同盟国首都掀起了波澜，令同盟国的首脑们摸不清头绪。对于这一改变世界大战进程的珍珠港事件，日本人事先没有给任何一方发出过任何警告，就连它的轴心国成员——德国和意大利都被蒙在鼓里。而正是这一突如其来的事件成为世界大战的转折点。

邓尼茨早就盯上了支援英国的“美国军备”。早在1941年9月，他就提出派遣潜艇驶入美国附近海域，但是，他的请求被元首拒绝了。他和雷德尔在希特勒对待美国对英军援助的问题上所表现出的消极被动的态度，表示出了他们极力的反对和强烈的不满。正是美国对英国的这种海上物资援助导致了美国于1941年底彻底成为英国的同盟，也使美国不宣而战地进入了海上战的行列。到那时为止，希特勒还是不允许袭击美国船只。

珍珠港事件后，希特勒的观点改变了。12月11日，虽然作为轴心国成员之一的日本没有向其他的成员国德

1942年3月26日，帝克斯·箭号美国油轮在卡罗来纳海岸被一枚德国鱼雷击中，油轮被炸为两半，随着火焰升空，浓烟弥漫，油轮渐渐沉入海底。潜艇在美国沿岸频频得手，德国人称这段时期为“第二个黄金季节”。

国和意大利提出正式的要求，但是德国和意大利还是分别向美国宣战。至此，美国正式加入第二次世界大战。

邓尼茨早就拟定了一份德国潜艇部署计划，他自己称之为“击鼓行动”。他欲在美国水域布置12艘大型IX潜艇，这种潜艇可以控制8000～13000英里的美国水域。但是，希特勒却把更多的潜艇调入地中海，大西洋西部海域只留下了5艘潜艇继续执行任务。

在热带地区炎热的高温下，代号为U—461号的XIV型潜水油轮的水手们在甲板上看着给一艘潜艇加油。另外一艘潜艇在不远处等待。被称为奶牛油罐的潜水油轮可以供给12艘中型潜艇所需的燃料，使潜艇在海上停留时间延长一倍。

尽管如此，邓尼茨还是继续精心训练着这支潜艇小分队，准备随时孤军奋战，对付德国最可怕的新敌人。他亲自挑选舰长，并亲自向他们介绍情况，布置任务。他们要守住北至圣劳伦斯河入海口南至哈特拉斯角之间的海域，击沉出现在这一水域的一切船只。1942年1月13日，首批两艘德国潜艇到达了美国东部海岸的水域，这两位艇长简直不敢相信他们的运气。战争在欧洲打响已经两年了，而且珍珠港事件也已经发生一个多月，但是，他们在美国所碰到的一切让他们感觉似乎世界上根本就没有战争，没有一点战时的状态。海岸线上几乎没有任何防御措施，油船、货船毫无顾忌地自由行驶，船上灯光闪烁，军官们在无线电话筒里随意地谈论着各自军舰的位置、航线和运输的货物。从缅因州到迈阿密州，导航灯和导航标像往常一样亮着，各个港口、村庄和海岸风景点也都花灯闪烁，一片繁忙景象。

1 月 14 日凌晨 1 点 30 分，一艘德国潜艇在距离纽约州南部长岛的蒙托克角 60 英里的水面上仅用一枚鱼雷就击中了毫无防御措施的巴拿马油轮诺尼丝号。鱼雷把诺尼丝号油轮炸了个洞，使其燃烧，它马上就沉入了海底。在随后的 17 天里，又有 12 艘油轮和货船在美国海岸水域被德国潜艇击沉入海。

德国人把这段时间称为“第二个收获季节”或“美国领域狩猎季节”。在这段时间里，无论是白天还是夜晚，德国的潜艇一直悄悄地潜伏在美国海域，不断地监听美国军官们在无线电上的聊天，截获有价值的信息，然后分析这些信息并从中挑选一些值得攻击的目标。一时间，美国东部海岸到处都是沉船残骸、漂浮的漏油和死难人员的尸体，而美国人似乎对这一切无能为力。令人难以置信的是德国的潜艇可以在美国的家门口向美国的船只发动进攻。英国人曾经多次提醒美国人德国人可能通过破译无线电密码而截获情报，但是美国人却置之不理，未采取任何措施。

美国海军大西洋舰队的任务是护卫横渡大西洋的各国运输船队并迎战海上敌舰。他们还不能随意承担海岸防御。从加拿大边界到北卡罗来纳州的长达 1500 英里的海岸线上，只有 20 只海岸警卫队的小型武装快艇

一艘追击德国潜艇的美国巡逻艇从前甲板上发射了一枚深水炸弹。1942 年上半年，反潜猎潜部队在美国海域平均每天击沉一艘德国潜艇。

和 103 架老式飞机。政府曾经下令所有运行的商船一律不许开灯以确保安全，但是因为不方便，所以没有人执行这一命令。政府还下令，沿岸居住的所有居民和宾客夜间必须关灯，而这一禁令也因为黑暗不利于旅游业的发展而成为一纸空文。就这样，德国的狩猎计划一直顺利地实施着。

2 月 4 日夜间，印第安纳 · 箭号油轮沿着新泽西州海岸向北航行。大西洋城的灯光闪烁，远看就像地平线上的一个人工落日；而在右边，大西洋海水翻滚着，黑黝黝的，给人一种不祥之兆。对于海员们来讲，这里是一片令人毛骨悚然的水域。几天前，一艘商船被德国潜艇击沉在附近的海水里，当时德国的潜艇从距离只有200码的水面上，用甲板炮击沉了该商船；几个小时前，又有一艘货船被鱼雷击中而沉入同一片水底。

6点半，一艘德国潜艇发现了印第安纳·箭号油轮，远处城市的灯光清晰地映衬出油轮的轮廓，油船驶入了潜艇的鱼雷发射范围。潜艇前发射管中所发射的鱼雷中有一枚击中了目标，油轮吃水线下面被鱼雷击了个洞，从潜艇甲板上发射过来的炮弹引燃了已经漏油的船体，几分钟后，船体严重倾斜，被夹在了一片火海之中。船

一群德国水手在大西洋北部海域被美国海岸警备队的快艇救助后，在甲板上休息。快艇用几枚深水炸弹将该潜艇击沉。

员们放了两艘救生船逃命，火海中的油船像一只受了伤的海上怪兽呻吟着，吱嘎作响。倾斜的船体压向一艘救生船，救生船被火油轮压在水中，无一人生还；另一艘救生船上的船员们拼命地向前划了300码，逃离了火海，然后又调整方向朝着灯火通明的大西洋城奋进，但是大西洋城并不像他们肉眼看到的那么唾手可得。一天半之后，一艘渔船搭救了这些幸存者。同时，另一艘油轮也被鱼雷击中，在印第安纳·箭号附近坠入海底。

尽管军方一再封锁消息，但是，近海岸的惨重损失和美国政府对此所表现出的无能，已经众所周知。2月初，纽约港的6艘商船上的船员们一致拒绝出航，条件是美国政府提供保护使其能平安地躲过德国潜艇的袭击。这时，海军才派遣了7艘驱逐舰负责海岸防御，但是美国东海岸上的运输船队太多了，这是一条繁忙的交通要道，美国政府不可能有那么多武装舰队来保护它们平安起航。所以，大多数情况下，美国海岸指挥部只能要求各商船的船长们在航行时关闭船灯，关掉无线电通信联络设施，近海航行，以避免厄运的发生。与美国政府软弱无力的反应形成鲜明对比的是，在德国潜艇的威胁面前，英国政府的反应非常强烈。丘吉尔马上意识到，邓尼茨已经发现了同盟国的薄弱环节，若再不采取行动，德国潜艇就会在美国水域切断美国对英军的物资援助，同盟国就会被打垮，这场战争的残局将不可收拾。考虑到问题的严重性，英国马上采取积极的措施，尽管英国各前线都很吃紧，但是，英国政府还是调集了部分剩下的、燃煤的拖网渔船。他们想改进这些拖网渔船，配备上深水炸弹发射器和潜艇探测器，开往美国海岸以加强那儿的防御能力，并可以有效地抵抗德国潜艇的攻击。

就在英国加紧改造渔船装备的同时，希特勒又一次削减了邓尼茨的战舰力量。元首固执己见，认为同盟国意欲攻击挪威，还认为那将会成为决定整个战争胜负的“生死”之战。1942 年的 1 月和 2 月间，他下令调遣 12 艘潜艇开往挪威海域，8 艘潜艇开往冰岛和苏格兰西部的赫布里府群岛之间，等待着对付同盟国向该地区发动进攻。这些潜艇中有几艘是从美国海域撤回来的。邓尼茨坚决反对。从美国海域撤退，否则他的击鼓行动就会受挫。由于他的坚持，元首就派了一批新型的飞机飞往加勒比海，从空中增援邓尼茨。他们的目标是拉丁美洲的特立尼达 – 阿鲁巴岛 – 库拉索岛地区，这一地区是石油运输的始发地，在加勒比海地区储存、提炼的原油和经过加勒比海地区转运的石油都是从这儿运往美国东部的各个港口，然后再武装押运到英国。

德国潜艇在这一地区的出现和上一次在美国海岸出现所带来的效应是一样的，都令世界为之震惊。2 月 16 日，德国潜艇在委内瑞拉西北部港口城市马拉开波附近击沉了油船 6 艘，又在西班牙港附近击沉两艘，还炮轰了阿鲁巴岛附近的炼油厂。击鼓行动向北延伸到佛罗里达海岸。2 月份，美国沿岸海域损失油船吨位达 47

万吨，比 1 月份增加 30%。其他的德国潜艇也相继在卡罗来纳北部连续击中目标。由于没有护航舰队，美国东部沿岸的货船和油船连续被击毁。据此，有关商船上配备了炮火，但是这一行动的可信程度马上令人质疑。3 月 18 日，一艘配备大炮的商船误把美国海军驱逐舰当作德国的潜艇，一发炮弹击中了驱逐舰的驾驶台，船长当场丧生；另外，一支反潜巡逻部队应运而生，但是它们既没有必要的装备也没有任何作战经验。7 月 28 日，在一架飞机、一支海岸警卫队的小型武装快艇和一艘海军驱逐舰的一次联合行动中，深水炸弹追踪的目标却是一头巨鲸。

3 月份，十几艘德国潜艇在美国东海岸和加勒比海地区又袭击了更多的货船和油船。这个月，他们共击沉 79 艘各种船只，是 1 月和 2 月的总和。一个美国调查委员会预测，到年底会有 3000 人丧生，东海岸的 300 艘油船将会有 125 艘被击沉。而在英国，石油紧缺已严重影响到了各行各业。丘吉尔发表公告说："我对此事甚表关心。"他又派遣了 5 艘轻型护卫舰去帮助美国人。

到 4 月份，首批被改装的拖网渔船已准备完毕，成为一支有限的运输系统的核心，随时准备出发。白天，护航舰护卫着商船，夜晚，护航舰在港口担任警戒，以防来袭之敌。尽管运输系统的组织并不是很精良，但是，它还是有效地减少了德国潜艇进攻的机会。当英国又增派了反潜舰艇时，美国的运输生命线又延伸到佛罗里达

英国高级军官和工作人员，在利物浦的英军司令部作战指挥室的德比大厅关注着战势的发展，这是他们在大厅墙面上标出各方战舰的行动图。梯子上，一位皇家海军的女服务生正根据破译的密码标明英国战舰的位置和狼群的可能位置。

州最南端的基韦斯特岛。

逐渐地，美军加强了本海域的战略防御，并且很快就显示出它的战斗力，4 月 3 日夜晚 U-85 号的厄运就证明了这一点。一周之前，格瑞格尔上尉带领 U-85 号潜艇到达美国海岸，并于 4 月 10 日击沉了一艘商船，但是他却发现商船的数量比预想的要少得多。急于发现攻击目标，再加上对美国防御力量的轻视，格瑞格尔上尉指挥 U-85 号潜行到了离美国大西洋舰队基地不远的切萨皮克湾的入海口附近。他的潜艇刚一露出水面，也就一个马头那么高，就遭到了美国驱逐舰的攻击。

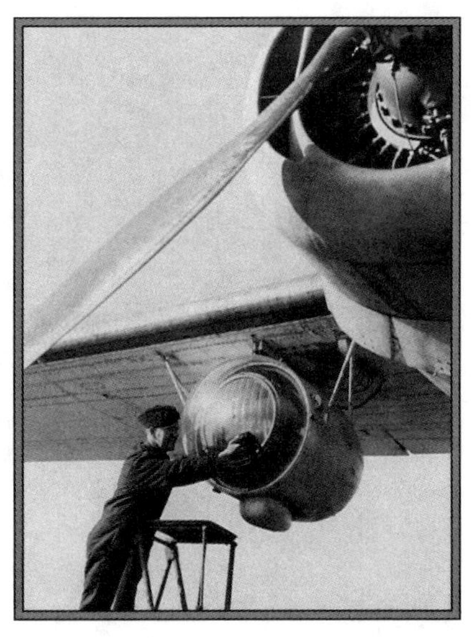

英国飞行员正在擦拭海岸指挥轰炸机机翼下的射灯。这种灯的照射力度非常强，它可以在夜间照到一英里以外的潜艇。

通过超声波水下探测系统和雷达，美国已掌握了德国潜艇的踪迹，所以美军诱捕号就一直跟踪着 U-85 号潜艇，当 U-85 号浮出水面还没来得及弄清方向就遭到了攻击，也来不及下潜，它只能从水面逃生，一边旋转着躲避炮弹的攻击，一边寻找足够的空间准备下潜到足以躲开深水炸弹的深度。但是诱捕号死命地紧咬不放，也随着“之”字形来回摆动，U-85 号只有招架之功，已无还手之力。两舰之间的距离越来越近，潜艇已在驱逐舰的炮火射程之内，机枪扫射打死了潜艇甲板上的炮手，3 英寸的炮弹相继落在艇上和指挥塔上，潜艇开始下沉，高频测位仪像一个蜘蛛网。称作HUH-DUH的电子装置可以截获潜艇之间及潜艇和德国总部之间的各种情报，这样，英国就可以确定德国潜艇的方位。

艇上的人员都爬出了艇舱，纷纷跳入大海逃生。当U-85号从水面消失的时候，水面上留下了一片油迹和40名在水中拼命逃生的船员。为了确保U-85被击沉而不会下潜逃跑，诱捕号驱逐舰又在U-85号下沉的油迹区投放了11枚深水炸弹，40名在水中挣扎的人员无一生还。

这是邓尼茨在美国水域损失的第一艘潜艇。他和他的船长们非但没有被吓倒，反而更加紧了他们的狩猎计划。在4月的头10天里，他们又击沉了7艘油轮。4月22日，一艘装有700吨燃油的水下油罐船到达百慕大附近，这使潜艇的效率翻了一番。现在潜艇不必返回德国设在法国的港口去补充燃油，而只需靠近奶牛船的油罐，接上一根管子就可以了。这样，只要潜艇上还有鱼雷向美国人发起进攻，还有基本的给养供人们吃，它就可以在美国海岸附近驻扎，发现目标，随时出击，而不用担心燃油短缺这一重要问题。

然而，现在在航线上几乎看不见任何目标，特别是在北部潜艇的线路上，更是寥寥无几。运输系统正在逐渐地控制着海上的局势。美军不仅加强了空中巡逻，也增加了海上军舰的数量。4 月 29 日，美国海军禁止没有护航的油船向佛罗里达海峡北部航行。但是，有一段时间，德国潜艇在南部的战势颇佳。5 月 4 日夜间，当 U−333 号潜艇在迈阿密附近水域浮出水面时，彼得 · 埃里希 · 克里默上校说他的船员们，“使劲地揉着自己的眼睛，不敢相信眼前的一切”。与黑漆漆的欧洲海岸截然相反，美国的海岸到处灯光闪烁，五光十色，令人眼花缭乱，美妙的夜景尽收眼底，航标和灯塔清晰明亮，城市中反射出来的各种光亮映得天空宛如白昼一般。从潜艇的指挥塔往外望，生活在海底的船员们惊奇地在望远镜中数着汽车灯的数量和霓虹灯的广告牌。克里默继续记录着：“在这新大陆的灯光通明的映衬下，毫无戒备的一艘艘船只清晰可见，人们的生活舒适、轻松、恬静；此时此刻他们就砧像板上的肉任由我们处置，任由我们宰割。我们不由得从心底里发出这样的呐喊：快快醒来吧！我们只能按动按钮，我们别无选择。”

在随后的 3 天里，U−333 号潜艇击沉 3 艘油船。附近的另外两艘潜艇也相继使 9 艘油船沉入海底。一时间，海面上到处是被击沉船只的残骸，到处漂浮着片片油迹，这些油迹还不时被引燃成一片火海，随着一片片火海升起一股股黑烟，笼罩在海面上，遮蔽了天空。在佛罗里达海岸散步的市民和游客在白天天气好的时候，看见了潜艇的指挥塔，惊叫着向当局报警，而当局的反应迟钝得令人难以接受，好像政府需要召开几十次的会议才能决定是否攻击。5 月 6 日，一些市民眼看着一艘潜艇在丘比特入海口附近击沉两艘油船。其中一艘离海岸非常近，当它被潜艇击沉后，它的桅杆还露在海面上。当天，美国海军下令，禁止无护航的商船去佛罗里达海峡和墨西哥湾航行。

而在北部，由于美方加紧了海上运输系统，德国潜艇一直徒劳无获。U−352 号潜艇的船长在哈特拉斯角转悠，却始终没有发现一个目标，5 月 9 日，好不容易发现了一艘船，结果不是商船而是海岸警卫队的小型武装快艇——美国神翼号。神翼号突然向潜艇发动攻击，将其击沉海底。随着德国潜艇损失数量的不断增长，受袭击的运输船的数量逐渐减少。邓尼茨最关心的数字——每艘潜艇每天击沉敌船的吨位数——也在下降。由于在长长的横跨大西洋的航线上德国潜艇一艘商船也没有击沉，所以，如果美国水域的战绩不能保持良好的势头，那么，整个德国潜艇的战绩也就荡然无存。

1942 年上半年，德国潜艇共击沉同盟国各种船只 585 艘，平均每月 50 万吨，其中有一多半是在大西洋西部和加勒比海击沉。在此期间，德国仅损失了 6 艘潜艇。这是德军最辉煌的时节，是德军大获全胜的时节。

但是，到 7 月中旬，邓尼茨清楚地意识到，这一切已成为历史。他命令他的潜艇舰队撤出美国沿岸海域，边撤退边在水下布雷，以期给前来追击的美国舰队以最后的打击。

尽管邓尼茨的潜艇捷报频传，但是 1942 年夏，他心里一直很担忧。他认为要想取得战争的胜利，首要的前提是摧毁敌方的商船，以切断其供应命脉，摧毁商船最有效的武器就是潜艇，而希特勒却一而再，再而三地把他的潜艇调走。显然，希特勒对他的行动根本就不重视。邓尼茨曾断言：“双方被摧毁船只和生产船只的比例的高低对这场战争至关重要。”他注意到虽然盟国在一个月内损失 50 万吨位的运输船，但是，同盟国建造并投入使用的新船的总吨位远远高于这一数字，多得让德国根本打不过来。按照德国人的计算，美国、英国和加拿大每月下水投入运营的新船总吨位高达 70 万吨。而实际的数字是 59 万吨，但是就是这一数字，德国若想从根本上减少同盟国船只的数量，也必须击沉更多的船只，目前，盟国的船只的生产量大于损失量。

邓尼茨认为解决这一问题最有效的方法就是集中兵力打击敌方海上运输线最薄弱的环节。避重就轻，采取各个击破的战略，即当同盟国集中力量加强某一地区的防御时，德国应调遣兵力进攻另一地区，目前同盟国

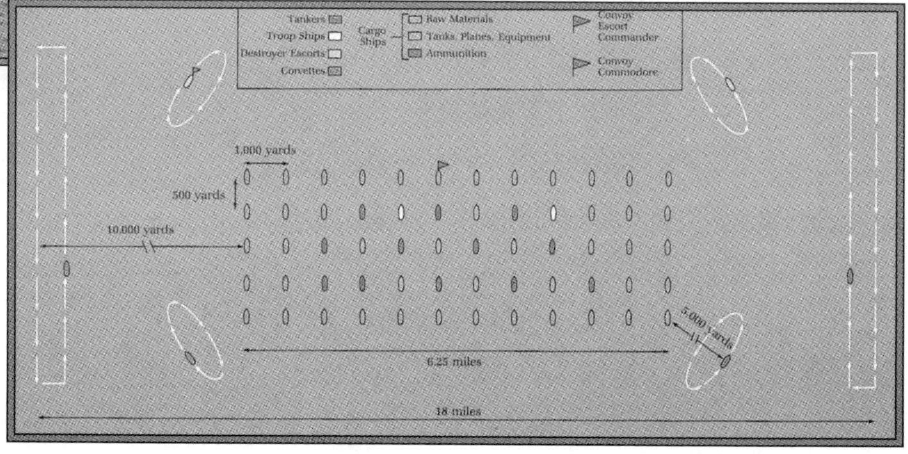

美国软式小飞艇可以为大西洋上空的夜空巡逻充当照明装置。到 1942 年，运输船队呈长方形排列（右图），护航舰在外围。为安全起见，军火船、油船和官兵运输船被安排在船队的中间。在天气恶劣和有潜艇进攻的情况下，队形往往就被打乱了。

的力量集中在美国沿海航线上，那么德军就该寻求攻击其他航线，这样既保存了自己的实力，又可以给对方以有力打击。具体地说，就是现在同盟国已把原来护卫大西洋北部的护航舰艇调走，德国就应该攻击大西洋北部的运输线，把那一地区当作它的狩猎区。但是遗憾的是，德国潜艇总是不够用，1941 年下半年，平均每月生产 20 艘，如果照此下去，凑合着能应急，但是寒冷冬季的到来不仅减缓了造船速度，也增加了训练难度，这样到 1942 年上半年，新潜艇的投入使用降低到每月 11.5 艘，而这些新潜艇中又有 40% 被派往挪威海域和地中海，尽管邓尼茨极力反对，但是他还不能左右希特勒的决定，他还没有赢得元首的最高信任。

分析同盟国卓有成效的反潜艇攻击，邓尼茨发现在德国潜艇上有一些装置有待改进，他第一次发现这个问题是在 2 月底，当时 U−82 号潜艇在大西洋巡航返回基地时，途中行驶到伊比利亚半岛和法国的布列塔尼半岛之间的比斯开湾西部，U−82 号的船长向总部报告说他发现了一支小型运输船队，且无护航措施。但是，不一会儿，U−82 号潜艇的信号却消失了，不知何种原因，U−82 号还没有来得及发出求救信号就神不知鬼不觉地失踪了。

在一场战争中，会出现许多类似信息中断的小事，如果不是因为一个月后在同一海区又重复发生此类事件，那么这次 U−82 号潜艇失踪的信息永远不会引起德国的重视和警惕。这一次，U－587号潜艇报告说它正在跟踪一支小型运输队，然后，U－587号也莫名其妙地失踪了。所以，当第3艘潜艇U－252号在4月15日从同一海域发出同样的追踪信号时，邓尼茨提醒船长要格外小心，避免前两艘潜艇的厄运再次发生。即使如此，U－252号也从此就没了音信。邓尼茨询问了在海上正在返航的船长们和船员们，但是他还是不能解释这些神秘的潜艇失踪之谜。当时，邓尼茨还不知道这些失踪的潜艇是因为碰上了高频无线电测向仪，这是一种新型仪器，是英国人发明用来截获无线电发射的电子探测装置。当时，有两个高频监测站都截取了潜艇的无线电发射信号，测向仪上的十字交叉方向角信号显示出了潜艇的位置。1942年以前，交叉方向角只能从设在岸上的探测站远距离截取信息，准确率也不是很高，到1942年，英国已经把这一高频无线电测向仪安装在护航舰上。这样，当潜艇跟踪运输船队时，高频无线电测向仪就可以在很小的范围内截获发射的不间断的远距离信息，并且准确性非常好。

在比斯开湾，德国潜艇遭到的袭击还不只是高频干扰这一个，在一年多的时间里，英国皇家空军也加紧巡逻，在众多的来往船只中搜寻着德国潜艇，密切注视着从设在法国的德国海军基地驶出和驶入的德国潜艇。起初，飞行员在夜间看不见潜艇，影响了他们的侦察效果，而在白天，潜艇能发现飞机并及时潜入海中躲过飞机的攻击。然而到了 1942 年春天，越来越多的德国潜艇的船长和海员们吃惊地发现，他们总是遭到飞机的攻击，这些飞机不知道是从哪儿冒出来的，飞行员们似乎很远就能看见自己的攻击目标，直接俯冲向潜艇，几乎是百发百中。这无非有两个原因：要么所有的德国潜艇的瞭望员全部失职，要么就是对方发明了某种新型的装备。

6 月，一位潜艇的甲板观察哨发现了其中的真正原因。当时，这艘潜艇非常安全地在一个漆黑的夜晚在海面上巡航，潜艇的甲板观察哨听见了一架飞机由远及近的声音，这是他们司空见惯的，不需要采取任何防范措施，以往飞机什么也看不见，海面上漆黑一片，潜艇总是平安无事。然而，这一次，情况却与以往不同，当飞机飞到距离潜艇大约 1000 码的地方时，平静漆黑的海面上突然被飞机上安装的探照灯照得亮如白昼。结果，船员们还没来得及采取应急措施，炸弹就落了下来，潜艇严重受伤。不久，又有两艘潜艇也遭到了同样的攻击。在战争日记中，邓尼茨记录着比斯开湾一夜之间变成了“英国皇家空军的狩猎场”。

英国的确发明了一种新东西，这一新发明使英国人可以在任何天气状态下准确地发现水面上行驶的德国潜艇，无论是在恶劣的天气下，还是在漆黑的夜晚，甚至在出人意料的区域，消灭德国潜艇也易如反掌，这一发明使德国人备感震惊。邓尼茨马上准确地判断出，他的对手肯定是使用了一种改进了的空中雷达设施，这种设施和一种被称为“利光”的半导体物质联结在一起，这就是比斯开湾潜艇灾难的原因——超高频的雷达和超强度的照明。德国技术人员所采取的应急措施是发明了一种叫 Metoxi 雷达监测器，每一艘潜艇上马上安装了一个接收器，接收器再和一个用木片包着的临时天线相连，这种被叫作比斯开天线的小十字架安装在海上行驶的潜艇的指挥塔上，通过它可以接收到任何一个雷达发射的信号，然后再传送给接收器，以此来提醒船员们：前方出现了敌机，下潜。

到 10 月，这种新的雷达监测器的使用减少了比斯开湾失事潜艇的数量，但是，新的问题又出现了，潜艇在大部分时间里不得不在水下航行。水下行驶速度慢，行动不便，而且行驶范围也有限。只有在水面上，潜艇才能快速及长时间地追赶运输船队，躲避军舰的截击，也可以疾速地驶过一片海域。然而，不容德国人有任何喘息的机会，同盟国又加大了对德国潜艇的压力，除上述的新型空中雷达设施以外，他们还使用了一种新飞机。这种新飞机比战争初期所使用的飞机飞行性能高一倍，而且还在新的护航航空母舰上派飞机保护运输船队，不仅如此，英国人还使用了更好的军火、威力更大的深水炸弹和新型的火箭发射器。邓尼茨在战争日记中这样写着：“这些日益加重的困难只能给我们带来巨大的损失，只能使我们成功的概率降到最小，最终导致我们在这场海战中全面失利。”6 月 24 日，他在给元首递交的一份备忘录中提出：“依照目前的战争双方的武器力量对比，潜艇的装备是否能达到战争的要求？”他指出英国所使用的新型雷达的有效性（他还不知是高频无线电测向仪），意味着狼群协同作战的末日。因为德国潜艇已不能像原来那样长时间在水面上停留，寻找到最佳位置再攻击一支运输船队。他预言，盟国新生产出来的商船肯定比现有的速度快得多，德国潜艇在水下慢吞吞地追击商船，那简直就是天方夜谭。

邓尼茨认为，要想应付目前的局面，德国必须生产一种在水下快速行驶的潜艇，只有这样才能追上并一举消灭运输船，才能挽回海战的局面。他之所以提这个建议，是因为邓尼茨知道，早在战争前，这种水下快艇的图纸就已经成型。基尔海军基地的沃尔特教授早就提出要替换掉笨重的双层柴油发动机。他说他研制成了一种强有力的单发动机，这种单发动机使用的是自含氧气的氢过氧化物助燃液体燃料，由于使用的是自燃料，所以无须外界氧气供应。沃尔特教授相信，配有这种发动机的潜艇水下时速可达 24 节，并可连续工作 6 个小时。但是，他还没有能力说服希特勒，所以产品一直没有成型，这么多年来还是在图纸上。

邓尼茨在他的备忘录的最后请求：“我认为，沃尔特潜艇的改进、测试和生产速度的快慢直接影响到战争的进程，是决定战争的一个重要环节。”但是，这位

1942 年 9 月 12 日，U—156 号的沃纳·哈特斯特恩少校站在指挥塔上，注视着拉哥尼亚号，这次经历令他永世难忘。他奋力救助这艘由非洲开往英国的客轮上的幸存者。其中有英国公民、意大利战犯和波兰警卫人员。但是一架美国 B—24 轰炸机却无视德国潜艇上悬挂的国际红十字信号旗，也全然不理潜艇上发射的无线电求助呼号，向潜艇投放炸弹，炸伤了潜艇，炸沉了一只救生艇。作为报复，邓尼茨命令德国潜艇从此再也不许搭救任何遇难者。

海军上将也清楚，即使他的建议侥幸得到元首的首肯，生产成功也需要一定的时间。邓尼茨是一个很实际的人，他知道如何充分利用手中现有的一切，把精力又放回到北大西洋的航线上。运输船队现在的行驶路线还是原来的大圆弧航线，这条航线是纽芬兰和英国之间最短的距离。邓尼茨对此航线上的情况了如指掌，他知道对方船队薄弱的地方和潜艇应该主攻的地方，因为德国海军破译了英国情报密码，截获了英国海上运输航线的所有信息。现在，他的战舰比原来多了。7 月 1 日，331 艘潜艇投入使用，从理论上讲，其中 101 艘可以执行大西洋海域的任务，平均 19 艘保持战位，40 艘穿梭于来往的

战位之间，47 艘停在港口基地维修和补充供给。更令他振奋的是，德国的造船厂终于从冬季的受挫状态中复苏，开始以每月 30 艘的速度生产潜艇。

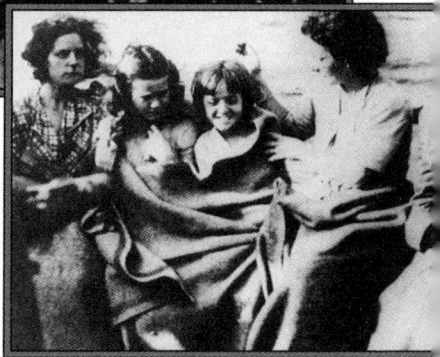

幸存者挤满了从非洲西部海岸赶来营救的 U–506 号的甲板（最上图），被营救的妇女和儿童身上披着毯子（上图）。

邓尼茨下令将他的船队集中在海洋中部，远离以地面为基地的飞机的飞行范围。在这一飞机不能保护的地带，德国潜艇可以和运输船队交锋，一点一点地蚕食运输船队。对于同盟国来讲，德国潜艇返回北大西洋是意料之中的。英国的分析家们早就了解了邓尼茨的战略意图，并且预言：这场战争的海上较量就要到来。但是尽管如此，他们却只能静待观望。1941 年，同盟国还没有足够的燃料和多余的护航舰允许他们绕开狼群，他们只能走这条航线。每个月 6 支分别由 50 艘商船组成的运输队，每一次至少要有 7 艘武装舰护航。这一庞大的船队组合需要的燃料非常多，盟国不得不把护航驱逐舰和快艇的数量压缩到最低，更不用说额外的保护措施。他们在德国潜艇的围追堵截中，只能听之任之。

在 7 月和 8 月间，邓尼茨一次只能派一支由 12 ～ 18 艘潜艇组成的巡逻队，但是，他的舰队以每月 10 艘的速度增加，这样，到 10 月，他就有 40 艘潜艇，同时可派 4 个狼群执行任务。尽管德国潜艇的巡航范围越占越大，但是，9 月份，海上连续的恶劣天气使潜艇难以寻找到攻击目标。后来大西洋南部发生了一件事，给邓尼茨和他的船员们的心上都蒙上了一层阴影，使他们在很长的一段时间里难以从中自拔。

邓尼茨在沿非洲西部海岸驻扎了一支潜艇小分队，许多船只在塞拉利昂附近海域集中，然后绕过好望角北上，那是所有北上船只的必经之路。9 月 12 日早晨，沃纳 · 哈特斯特恩指挥的 U－156 号正沿非洲海岸向南巡逻，这时，观察哨报告，在西南地平线上有黑烟升起，他看见的那条船正在距离岸边 500 英里的海域上向西北方向行驶，偏离了运输船队的正常航线，行驶海域也超出了同盟国飞机的保护范围。同盟国的飞机从弗里敦基地起飞，在该海域担任警戒。这样，哈特斯特恩就指挥 U－156 号与该船并列航行，始终使该船的黑烟在自己的视野之内，远远地跟踪着，只等夜幕降临，再靠近目标。

哈特斯特恩很快就会知道，他追的这艘船是拉哥尼亚号客轮，2万吨，战争爆发后，这艘客轮上配备了8门大炮、深水炸弹和潜艇探测器等军用运输船所需的一切装备，拉哥尼亚号正从苏伊士运河往英国行驶，船上有3000人，其中有286名返家的英国海员；80名普通公民，包括妇女和儿童；底舱还挤着1800名意大利战犯，这些战犯要被送往关押站。当这艘船在热带太阳的照耀下，穿过平静的海面时，每个人都很担心遭到德国潜艇的袭击。但是，一个月以来，他们在海上漂泊，这种恐惧心理已被一种枯燥和厌烦所代替。根本就没有人想到在地平线的尽头，有一艘潜艇正向他们靠来。

太阳快落山时，哈特斯特恩接近了目标。没有护航舰的干扰，也没有天上飞机的侵袭，这位德国船长很庆幸自己这一次的运气。只需在甲板上通过望远镜盯准目标，调整鱼雷发射航线，发射第一管和第三管的鱼雷。两海里的范围内，鱼雷可以在3分钟内到达目标，鱼雷一发射，哈特斯特恩向上推了推帽檐，说："英国人，祝你们晚安！"

U–156号的船员们看见拉哥尼亚号的船侧喷着水泡，还看见船体侧面露出一个被鱼雷炸开的洞，紧接着第二枚鱼雷也击中目标，效果不如第一枚那么显而易见。拉哥尼亚号停在水面上一动不动，船体开始倾斜。哈特斯特恩很高兴，命令潜艇再靠近些彻底把对方击沉，他一定要亲眼看着船沉没，亲手俘虏船长和主机械师。

U-156号离拉哥尼亚号1英里时，船员们被眼前的一幕惊呆了：海面上不仅漂浮着客轮的残骸，还有无数具尸体，不仅有超载的救生艇，还有惊慌失措地在水中拼命挣扎的百姓。救命的呼喊声、惊吓的叫声撕裂了平静的夜空，鲨鱼和5尺长的梭子鱼活活地吞食着水中逃生的人们，他们的叫喊声撕心裂肺，令人胆战心惊。哈特斯特恩本来只想亲眼看着船沉入海底就离开这一水域，因为拉格尼亚号肯定已向空军基地发出信号，报告了它的遇难方向，增援飞机可能已经在路上，很快就会到这一水域。这时，有求救声，他听出有人用意大利语大声喊："救命！救命！"他不知道为什么英国船上居然还有意大利人，于是他下令救上几位幸存者。这才知道这是一条押解意大利战犯的船，这时，他也看到了救生艇和木板上的妇女儿童们，此时此刻，他决定放弃战争观念，按照古老的海上惯例开始救助落难者，冒着被飞机攻击的危险，他开始指挥潜艇官兵营救生存者。

哈特斯特恩海上救助的信息传给巴黎指挥中心的邓尼茨后引起了潜艇总指挥和手下人员之间的冲突。虽然邓尼茨曾经下令不许冒险搭救落难者，但是此时此刻，当真的出现这一情况时，他的心也软了。许多年后，邓尼茨解释说："既然哈特斯特恩已经开始援救幸存者了，我就不可能下令阻止他的行动。我们德意志民族品行高尚，下达一道违背人道主义的命令有悖于我们的民族美德。其他的官员都反对我下达这样残忍的一道命令。我记得有一个军官对我拍桌子。”邓尼茨不仅允许U−156号继续救人（当时已经救了90人），而且还命令3艘潜艇前去帮助U−156号营救遇难者。但是，最近的一艘潜艇也要3天后才能到达该水域。

在那段时间里，哈特斯特恩一直指挥U−156号保护着散落在海上的救生艇和木板。他向这些人保证他是真心救他们，还把官兵的粮食等拿出来给这些人吃，淡水给他们喝，给受伤者包扎伤口。最后，在水中挣扎的263名幸存者都被救上了他的潜艇。他还向各船发送信息，只要前来营救而不是攻击潜艇的任何船只，德国潜艇都不会向它们开炮。尽管听到这一消息，邓尼茨很震惊，但是他只好同意这个意见，因为U−156号甲板上的人太多了，根本就不可能在必要的时候下潜入海。希特勒命令不许在营救行动中以德国潜艇为代价，这一命令使邓尼茨进退维谷，左右为难。9月15日，第二艘潜艇U−506号赶到，帮助U−156号一起救人。

9月16日中午，一架标有美国国旗的四引擎解放者型轰炸机，在U−156号和它所拖引的4只拥挤的救生艇上低空盘旋。哈特斯特恩在前炮台上悬挂了一面国际红十字旗，并向B−24轰炸机发出信号，请求救助这些落难者。飞机没有做出任何反应就飞走了。半个小时之后，也许还是第一架，也许是另外一架外形一样的轰炸机出现在上空，并向 U-156 号俯冲下来。哈特斯特恩以为可能是投放食物和医药，然而，他看见的是投弹舱机门打开，下来的是炸弹，而不是吃的。幸好炸弹都没击中 U-156 号，但是解放者型轰炸机又飞了回来，这一次，它把炸弹直接投向其中的一只救生艇，另一枚炸弹在 U-156 号的旁边爆炸，潜艇受伤，由于甲板上的人太多，不能下潜，只能眼睁睁地等着挨打。无奈，哈特斯特恩命令所有的幸存者离开他的潜艇。当他们都扒着救生艇和木板的边缘后，哈特斯特恩稍微修理了一下潜艇，下潜离开了该海域。

另外两艘潜艇 U-507 号和 U-506 号继续留在该海区，拖着救生艇向岸边行驶，这两艘船也挤满了幸存者，船长不忍心把他们赶下海，法国政府已经答应从塞内加尔首都达喀尔派船前来接应，但是谁也不知道它们什么时候才能到，这时它们已经接到邓尼茨的命令不许冒险，保住潜艇。直到 9 月 17 日，拉格尼亚号沉没的第五天，法国船只才赶到，救走了所有的幸存者，这才解脱了 U-506 号和 U-507 号德国潜艇。拉格尼亚号下沉时船上的 2732 名乘客有 1111 人获救（有两只载有 20 人的救生艇是一个月以后才获救的）。邓尼茨发誓，以后再也不会让他的潜艇陷入这种困境了。后来，他发布命令："不许营救任何沉没船只上的人员。战争的目的就是摧毁敌舰，消灭敌人。永远记住，敌人在德国上空投放炸弹时从来没有想到过德国的妇女和儿童！”

同盟国辩称，邓尼茨的这一命令就是指对那些被鱼雷击中的船只上的无辜公民也要斩尽杀绝。这一理解似乎在1944年春天得到了印证，U-852号击沉了珀琉斯号轮船后继续向船体开火，无视挣扎在水里的幸存者。事后，邓尼茨说，击沉船体是防止其给飞机指示出事区域。但是不久当该船的船长落入英国人手中时，他因下令向那些幸存者开枪而被推向军事法庭。战争结束后，他被处以枪决。因为下令置拉格尼亚号幸存者于不顾，邓尼茨也站在了纽伦堡战犯席上接受审判，但是最后调查证实他从未下令开枪杀害这些幸存者，指控的谋杀罪不成立，他被释放。

拉格尼亚号噩梦过去之后，邓尼茨的注意力又回到了北大西洋海域，狼群在飞机控制范围之外继续着它们的行动。当然也有狼群发现不了运输船队，不能组织有效的进攻的时候。但是，一旦它围攻一个目标，肯定会给对方带来灭顶之灾。1942年秋天，紫罗兰巡航队的行动就是一个强有力的证明。10月底，狼群的15艘潜艇在纽芬兰附近等待猎物，希望截击一支东行的运输船队。它们的希望没有落空，德国截获了同盟国的密电，从中得知一支代号为SC107的运输船队从纽约出发的时间、航线和组成情况。10月30日，紫罗兰巡航队排好阵势等着由42只商船组成的这只运输船队。运输船队编成7个纵队，由一支毫无经验的加拿大皇家海军护航，护航舰只有一艘驱逐舰和4只快艇。赫伯特·希内德尔指挥的U-522号首先到达运输船队的航线上，然后，跟在运输船队的后面给狼群的其他潜艇提供关于运输船队的信息。

设在陆地观测站和护卫驱逐舰上的高频测向仪都截获了U-522潜艇上发出的第一条信息，并据此测定了潜艇的位置，运输船队在纽芬兰基地的盟国飞机的保护下继续航行，在今后的48小时内，它们一直会有飞机的保护。10月31日，天气异常恶劣，严重影响了飞机的行动，尽管如此，有几架飞机还是到达了狼群的集合地点。为了躲避一架飞机，U-522号不得不下潜，这样，就丢掉了运输船队这一目标，另外两艘赶往集合地点的潜艇在水面上被飞机发现后击沉。

到11月1日傍晚，当运输船队到达距离北大西洋700海里的被海员们称为魔鬼峡谷的边缘时，8艘潜艇已经尾随到运输船队的后面，这里已经出了同盟国空军的保护范围，运输船队的人们都知道，现在，他们的防御非常薄弱。运输船队长达25海里，5艘护航舰只能护卫5海里的区域。但是它们的潜艇探测器的有效区域只有1.25海里，海面雷达探测范围也差不多。如果再多几艘护航舰就好了，但是舰艇都被调去执行“火炬行动”，那是盟国进攻非洲的行动代码，几天之后行动就要开始了。

在夜幕的掩护下，这8艘潜艇都和运输船队并列行驶，分别驶入攻击战位，商船和护航舰也进入了战斗状态。午夜过后，它们的灾难就开始了。福斯特纳男爵率领的 U-402 号潜艇从运输船队右舷两英里的空当处悄悄驶过担任警戒的护航快艇，它之所以这么轻而易举地就躲过了护航快艇是因为这只护舰快艇的雷达坏了，福斯特纳从右舷靠近运输船队，并在 400 码的地方开始攻击。第一发鱼雷没有弹出发射筒，第二发又飞了，但是第三发击中了位于编队中央的东方帝国号货船，爆炸的碎片像雨点般落满了 U-402 号的甲板，顷刻间东方帝国号不复存在。

运输船队的船灯大亮，照得海面一片通明，惊惶的驱逐舰炮手连忙搜寻目标，他们什么也没有看到。但是，不久，就又听到了两枚鱼雷击中目标引发的爆炸声。他们眼看着附近的一艘船变成一片火海，后面的一艘船驶出了编队，红色的救急灯不停地闪烁。

德国潜艇环绕着出事海域继续测定着商船的准确方位，谨慎的潜艇驶离船队，扇形地向船队发射鱼雷，这样总有一枚会击中目标。其中攻击性极强的福斯特纳和希内德尔分别率领 U-402 号和 U-522 号，悄悄滑入了护航舰防御范围之中，在近距离发动攻击，然后迅速下潜，躲避急速赶来的护航舰的回击。U-402 号已经击沉了 3 艘舰船，希内德尔也用两枚鱼雷击中了一艘货船。福斯特纳又击沉了两艘，希内德尔也击中了两艘。最惨的是一艘军火船，船被击中后，船上军火的爆炸声让运输船队的 5 位船长都以为他们的船遭到了鱼雷的攻击，甚至有一位船长下令弃船，逃到海里后才发现，他的船没有被鱼雷击中。

黎明时分，噩梦结束了。德国潜艇不得不离开运输船队和护航舰的视野，但是他们舍不得放弃这一机会，继续待在海面上，时刻监视着运输船队的动向，等待夜幕降临，发动新一轮的攻击。但是 U−522 号却是一个例外，希内德尔无视常规海上战术，指挥 U−522 号行驶到运输船队的前面下潜，发射鱼雷，在大白天就击中了第九艘船。黎明前，运输船队指定的救护船救出了 250 名海员，白天又救出了更多的幸存者。

白天的时候，受了重创的运输船队在浓雾和雨中摇曳着，迂回着前进，存着一丝希望摆脱残暴的追击者。天一黑，在浓雾笼罩下的漆黑海面上，运输船队来了一个 50 度的大转弯，改变了航向，但是有一艘护航舰的转弯度数不够，朝着运输船队的中间直撞而去，它没有开灯，雷达也失灵了。当舰长意识到他的位置错误时，他马上打开航行灯，发射了一枚照明弹，周围受了惊吓的商船们不知怎么回事，也用烟花做出回应，同时也都打开了航行灯。这艘护卫舰从运输船队的另一边冲了过去，没有撞上任何船，但是，德国潜艇看到了烟花，又围拢了过来。

运输船队试着又转了一个大弯，但是这一次，有的商船却没有接到命令，结果这一夜船队的航线乱七八糟，各自在浓雾弥漫的黑暗中盲目地行驶，早已不成队形。此时的德国潜艇就像猎人被圈在一群受了惊的大象中，突然又处于运输船队的包围之中。为了避开碰撞，那一夜，潜艇们也东驶西行的，一夜也没有击中一艘船。然而，黎明时分，U－521 号潜艇却连续发射鱼雷，击中了哈黑瑞号油轮，中了 3 枚鱼雷后，油轮终于沉入海中。11 月 3 日白天，疲惫的双方都在准备着夜幕降临的又一轮激战，这时，双方都接到情报，增援部队已经出发了，邓尼茨认为这是一举全歼运输船队的好机会，于是他就调派了第二支由 15 艘潜艇组成的狼群，当时，这支狼群正在东面 500 海里处巡逻。而运输船队也得到了两艘护航舰，一艘是刚到的快艇，另外一艘是另外一支运输队的驱逐舰。一艘美国海岸快艇和两艘驱逐舰也正从冰岛赶往此地。

在所有这些增援部队到来之前，夜幕再一次降临了。天刚一黑，迪特里希 · 劳曼就率领 U－89 号冲击运输船队中心，发射了 5 枚鱼雷。虽然只有两枚击中商船，但是却有一枚击中了运输船队的临时指挥舰：满载军火的吉波尔号。一枚击中了一艘货船，但是这艘货船没有沉入海中。午夜前，U－132 号发动了它的第一次进攻，也是本夜的最后一次进攻。靠近运输船队的右舷，U－132 号呈扇形发射 5 枚鱼雷，神奇的是发发命中，有 3 艘船被鱼雷击中，其中有两艘身中两枚，这 3 艘船燃烧着沉入水中。半个小时之后，有一艘爆炸，爆炸声

1942 年 10 月下旬，炮手们瞄准了一艘正靠近摩洛哥的美国运输士兵的战舰队。当时盟军正为北非登陆计划做准备。强大的运输队躲过了德国潜艇的挑衅；德军不知道英美联合登陆计划的时间和地点，等到他们截获有关的情报时，一切已为时太晚。

如此巨大，以至于6英里以外的船只认为自己中了鱼雷，在海底200码深的潜艇也剧烈地颤抖着。奇怪的是，U-132号这支创造德国潜艇史上辉煌战绩的潜艇从此也没了音信。

清晨，海风吹起，波浪随风翻滚，这种天气对运输船队非常有利。虽然狼群又发动了3次进攻，但是都有惊无险。到了早晨，天气非常不好，潜艇失去了运输船队的方向，那一天，它们没有发现运输船队。当夜幕又一次降临的时候，U-89号又发现了目标，击沉了一艘商船，这是第15艘战利品，也是最后一艘。在这场战斗中，只有潜艇的单方面攻击，商船没有任何还击之力。快黎明时，其他潜艇再也没有发现运输船队，同盟国的战舰和一架解放者型轰炸机从冰岛赶到。轰炸机击沉了U-89号潜艇。紫罗兰舰队停止了战斗。邓尼茨又把第二支狼群调去截击东部的另一支运输船队。SC107运输队剩余的27艘船继续向目的地进发。这是1942年运输船队所遭受到的最惨痛的打击。

当然，邓尼茨非常满意，他仅损失了3艘潜艇，而运输船队却付出8.1万吨的代价。年底的数字显示，德国狼群在所有的海战中共毁灭同盟国各种船只1160艘，潜艇损失87艘。同盟国损失780万吨，新建船只700万吨。参加行动的德国潜艇的数量翻了一番，由原来的91艘增加到212艘，但是，邓尼茨在11月份所取得的成功只是短暂的。德国海军情报人员没有刺探到同盟国的巨大攻击计划“火炬行动”。具有讽刺意味的是，突击的地点恰恰在一年多以来，邓尼茨一直躲避的咽喉地段——直布罗陀海峡。1942 年 11 月 8 日，同盟国在北非发动了攻势，载入史册的北非大登陆开始了。邓尼茨在地中海的潜艇太少了，根本起不了任何作用。

南大西洋纪事

参加战斗的德国海员和美国飞行员分别把潜艇之战中最富戏剧性的部分拍摄了下来。下面是他们拍摄的一组照片。

1943年夏天，卡尔·邓尼茨把德国潜艇舰队的一部分调派到相对安全的南大西洋海域去寻找新的目标。但是南美海岸的水域到处充满了令人意想不到的危险，到达该水域不久，德国潜艇不仅没有寻找到猎物，反被对方当作猎物，3艘潜艇被击沉。那是7月30日，当时美国海军轰炸机从巴西海岸的圣萨尔瓦多港口起飞巡逻，U-604号在海面行驶，毫无戒备。美国轰炸机的出现使德国潜艇措手不及，潜艇准备下潜，而美国轰炸机用机枪扫射，打死两名船员，豪斯特·豪尔特瑞格船长也受了伤。然后，轰炸机又投放了4枚Mark-47深水炸弹。潜艇被击中，船体开始倾斜，豪尔特瑞格船长马上发报求救："被飞机击中，船体倾斜，无法下潜。"

U-172号和U-185号接到信号后立即赶来救援。由于受到美国驱逐舰和从巴西基地飞来的美国轰炸机的围攻，这两艘救援艇不得不在南部海域绕了一大圈，最后奥古斯特·莫斯指挥的U-185号才接近U-604号，搭救了全体船员，又立即离开了即将沉没的U-604号。几天之后，莫斯的U-185号才和U-172号会合，这时他才得知U-172号的齿轮被炸坏了。U-604号的船员们分别上了两艘潜艇，他们一起返回了在法国的德国海军基地。

8月24日，美国短程战斗机和轰炸机向U-185号发起了进攻。飞机是从一艘航空母舰上起飞的，这艘航空母舰是一种用于海上战争的新式装备。因为船体受伤并且正在下沉，所以莫斯不得不放弃潜艇等待救援。只有U-172号拖着受伤的船体，艰难地返回了检修厂。一位潜艇船长气愤地说这两艘潜艇遇难是"从天而降的灾难"，打破了"德国潜艇之战的美梦"。

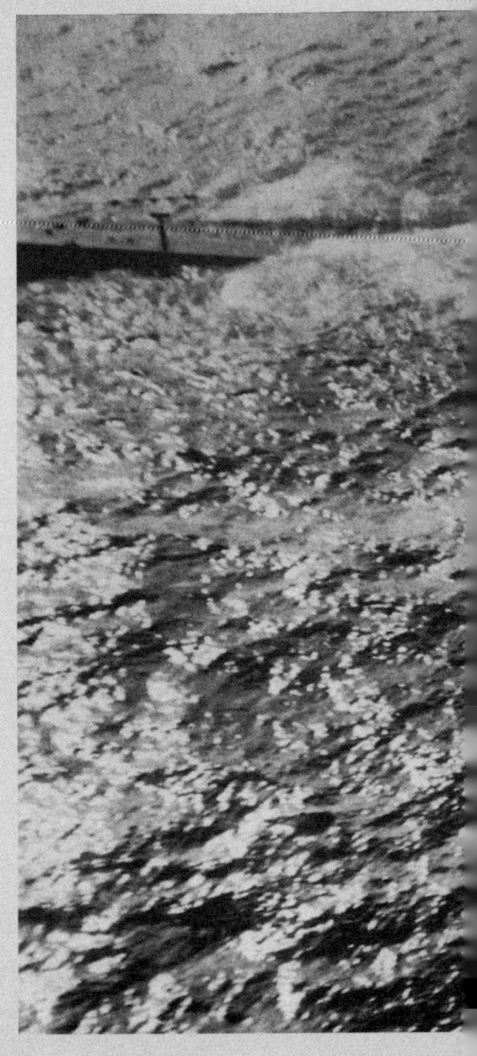

U－604 号遭到图上所示的轰炸机攻击后，船体已经下沉了一半。轰炸机炸坏了一个引擎和船舵。

（左上）海面上浮动的一个个脑袋，这是U－604号上的船员正从后面的U－185号潜艇往U－172号方向游动。U－172号上的一些船员正站在甲板上接应这些落难的弟兄。

幸存者水中逃生

由于把U－604号的燃料、食物和幸存的船员都平安转移到了U－185号上，U－185号严重超载。于是莫斯船长联系上了U－172号，双方约定好了会合地点。几天后，两艘潜艇会合。彼此有一段距离，原因一是避免碰撞，二是留出足够的空间以躲避突如其来的美国飞机的轰炸。随后莫斯命令搭救的U－604号的一半船员游到U－172号上。这一难得的水中逃生的珍贵镜头被U－172号上的一名海员拍摄了下来。

（左下）U－172号上的船员正在往水里扔救生绳，把浑身湿漉漉的、游得精疲力竭的兄弟们拉上船。

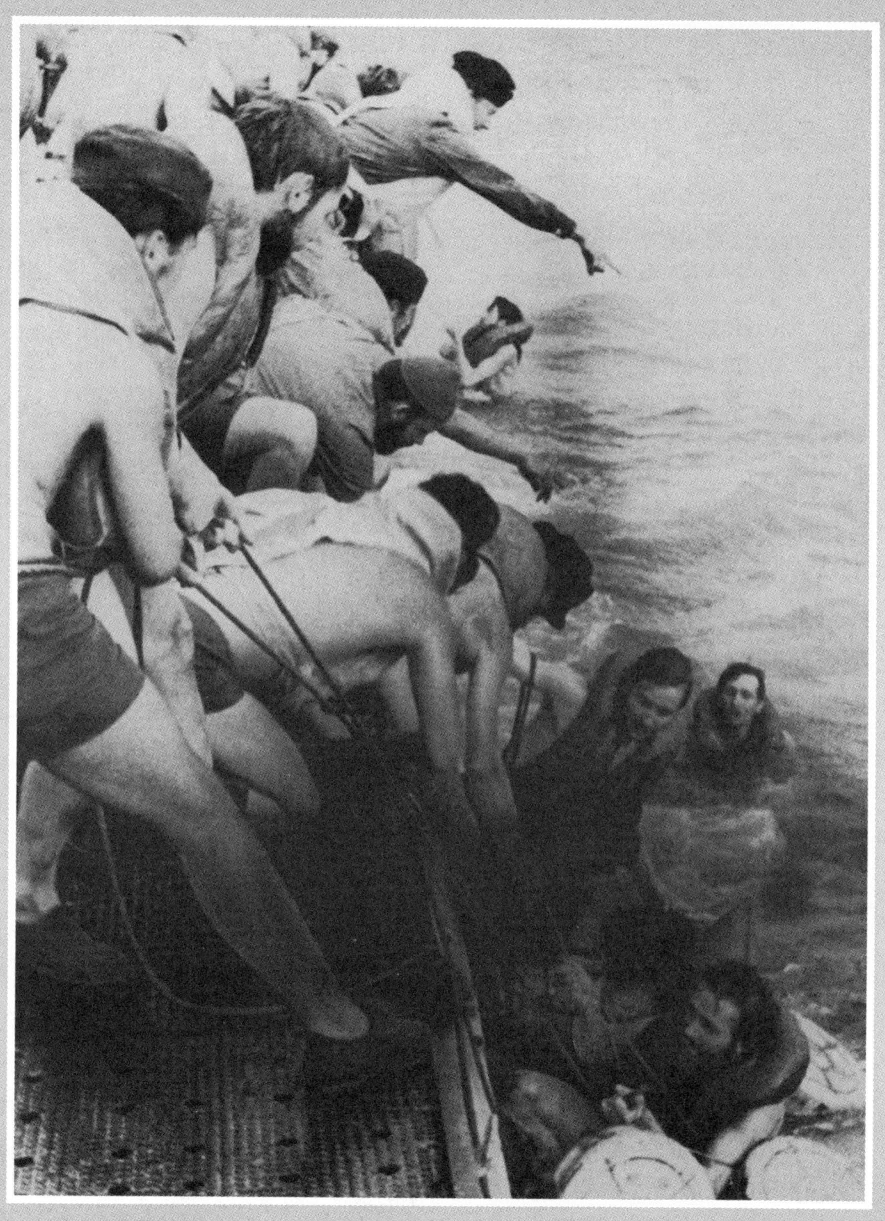

有几个游过来的船员拽着救生绳已无力往艇上爬，U—172 号上的船员们奋力把他们拖上光滑的潜艇甲板。

U–185 号突然沉没

上面的飞机对海面行驶的U–185 号发起了攻击，场面惨不忍睹。随着太阳的升起，F4F 野猫战斗机的远距离点射变成了对指挥塔疯狂的机枪扫射。观察台上的 7 名船员或死或伤，甚至还没来得及通知潜艇下潜。野猫战斗机的后面跟着 TBF 复仇者号轰炸机，轰炸机的一枚深水炸弹给U–185 号的外壳上留下了一个洞。至此，本来这场战斗应该结束了，但是一架从航空母舰上起飞的飞机盘旋着照相，记载美国人的功绩。为了让自己名垂青史，也为了显示自己的战斗力，让美军拍摄到德国潜艇的整个沉没过程，野猫战斗机又对已倾斜的船体进行了一番扫射，轰炸机又投下一枚深水炸弹，击中船体。U–185 号艇内的一幕更是令人心寒。被水浸湿了电池释放出来的氯气充满底舱，不久就有几个人中毒而死，有的已经中毒，后来也死了。剩下和被困在舱内的人之中有U–604 号的船长豪尔特瑞格。由于不忍心看着一位受伤的船员中毒后在痛苦中挣扎，他举枪打死了这位船员，然后他把枪口对准了自己的脑袋，扣动了扳机。

氯气中毒的其他船员们打开了正在下沉的潜艇的舱盖，呼吸着外面的空气。莫斯船长命令他们都站到最高处。一艘美国驱逐舰从海中救起了其余的 26 名船员，其中有 9 位是U–604 号的幸存者。

在水面上全速返航的U—185号潜艇被击中后，无助地躺在亚速尔群岛西南的大西洋洋面上。船头露在水面，船尾已落入海水之中。

4. 最后的挣扎

1943年1月初，强烈的暴风雪猛烈地袭击了大西洋北部，恶劣的天气使德国潜艇无法进攻盟国的运输船队。在柏林，阿道夫·希特勒暴跳如雷。虽然，他的恼怒不是由于因暴风雪而受阻的潜艇，而是两艘最坚固的德国海军军舰，但是由于他是元首，所以他一发火，德国潜艇部队就受到很大的影响。1942年的最后一天，德国袖珍战列舰吕措号和重型巡洋舰希佩尔号居然让一支运输船队在挪威海域交战后毫发无伤地逃走了，这次截击失手激怒了元首。这次战斗失利的原因之一是希特勒曾下令对英国的抵抗要小心从事，谨慎处理。但是，他也没有预料到真会发生这种事情。放跑了运输船队，惹怒了希特勒。他把这一切都发泄到66岁的海军元帅雷德尔身上。他命令雷德尔把剩下的德国主战舰全部拆毁，把主战舰上的重型炮改装成海岸炮群。雷德尔坚决反对，而希特勒又不肯退让，结果雷德尔一赌气辞职不干了。

1943年7月，美国海岸警卫队的一名队员在潜艇沉海后搭救一名水中逃生的德国船员。德国船员身上穿着前面介绍过的那种海中遇难呼吸装置。

希特勒马上物色卡尔·邓尼茨接任雷德尔的职务，这一调令给了邓尼茨一个施展的机会，也使德国潜艇部队的发展达到了顶峰。51岁的邓尼茨大权在握，他做的第一件事就是把德国海军的精兵强将都调集到潜艇部

卡尔·邓尼茨手持象征德国海军最高将领的装饰华丽的权杖，一直保持着迎接返航的潜艇船员的习惯。1943年邓尼茨被提升后仍然兼任潜艇司令。

队。他坚持认为德国只有制造更多的潜艇才能挽回局面，才能压制住世界范围内日益高涨的反德浪潮。邓尼茨继续担任潜艇总指挥，为了得到更多的人手和物资来充实潜艇部队，他开始想方设法取得希特勒的信任。他非但没有感到跟元首周旋很厌烦，反被希特勒“过人的才智和充沛的精力”深深吸引。邓尼茨的前任雷德尔喜欢用备忘录的形式与元首沟通，与这位沉默寡言的前任不同，邓尼茨喜欢和元首面谈。他经常出入元首府，功夫不负有心人，最后他终于打入了元首的小圈子，成为希特勒的心腹之一。在和元首的多次交谈中，邓尼茨发现“向元首提的建议最好用黑体字写在一张大帆布上，这样可以激发元首的想象力”。

元首也非常欣赏他的这位新任海军指挥官，喜欢他的乐观向上和坚韧不拔的精神。在邓尼茨主持召开的第一次会议上，赫尔曼·戈林用犀利的语言挖苦德国海军。与元首周围的人做法不同，邓尼茨没有转弯抹角地反驳他，而是直言不讳地予以回击。他告诉这位帝国元帅别多管闲事。当时的气氛很紧张，最后，还是希特勒笑了笑才打破了僵局。真正加深他们之间关系的还是邓尼茨坚持到底的毅力。虽然他从未对元首的全面战略战术提出过任何质疑，但是，在海军的重要问题上，他始终不让步，坚持己见，这包括迫使雷德尔辞职的德国主战舰改建的问题。他认为如果拆卸主战舰而改装成海岸炮群，结果会使同盟国的飞机和战舰轻而易举地对付德

特瑞特恩将军迎接U-177号的船长。

赤道见闻

在战争空闲的时候，开往大西洋南部的潜艇官兵举行了一个热带的仪式——给首次穿越赤道的人洗礼。

按照当地的习俗，老水手们要装扮成海上之王和王后的模样。以下照片反映了U-177号甲板上举行的仪式。他们的助手们也穿上了当地的草编裙，强迫新兵们吞下难闻的药片，再用由牛奶、盐水和燃油调成的鸡尾酒给他们净身，然后再给他们刮脸、理发，从头到脚擦掉北半球的灰尘，这时才允许他们干干净净地进入南半球。

即便在这样一个轻松的时刻，官兵们也不敢放松警惕。只有一半的官兵参加了这个仪式，其余的一半留在舱内随时准备应战。

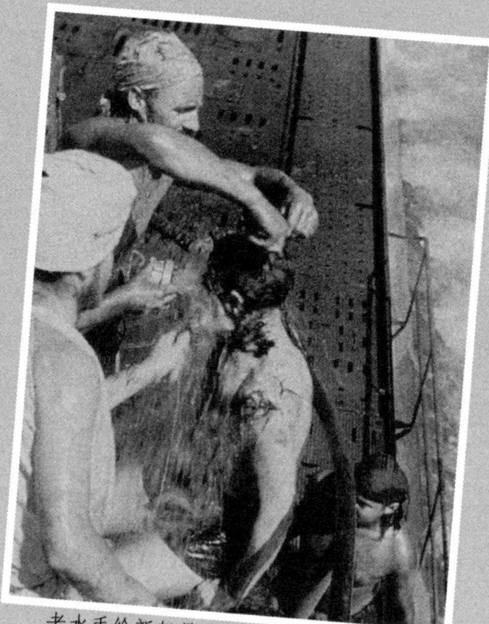

老水手给新船员理发净身。

„Taufschein"

Wir, Neptun, Beherrscher aller Meere, Flüsse, Bäche, Teiche, Tümpel und Pfützen, Träger des Ordens vom goldenen Dreizack, tun hiermit kund und zu wissen, daß der

Btsm. Lundquist

am 25.11.1941 an Bord des deutschen U-Bootes U 124 auf 25°02' westlicher Länge die Linie passiert hat, und an ihm nach altem Brauch die Taufe mit Erfolg vollzogen, und er vom Schmutz der nördlichen Halbkugel gründlichst gereinigt worden ist. – Wir befehlen allen uns unterstellten Meeresgottheiten und Seejungfern, obengenannten Täufling jederzeit Schutz und Hilfe angedeihen und ihn ungehindert alle Gewässer befahren zu lassen.

Gegeben im Kristallpalast am 25.11.1941.

Neptun

Kptl. u. Kmdt.

海神普顿国王的彩衣侍者聚集在甲板上。

准许穿越赤道的证书。

塞提丝女王微笑着看着她的大胡子国王。

国潜艇，那样做是不明智的。所以，邓尼茨说服希特勒撤回了这一命令。从那以后，像希特勒这么一个军队狂，居然再也不过问海军方面的事务了。

邓尼茨取得的第二个胜利和潜艇的建造有关。希特勒调派了更多的钢铁和技术熟练的工人建造潜艇。最重要的策略上的胜利是希特勒同意把原来的造船计划由海军转交军火部长阿尔伯特·施佩尔负责。事实证明，邓尼茨的建议是正确的。施佩尔的手下一个月生产出了30艘潜艇。这一数字使德国潜艇有足够的实力来和同盟国的战舰抗衡，这种发展达到了邓尼茨1939年预期的效果。

邓尼茨把每一艘潜艇都派上了用场。1943年1月，卡萨布兰卡遭遇战中，盟国调遣了大部分的力量来对付德国潜艇。为达到摧毁德国潜艇的目的，他们还轰炸了比斯开湾的德国海军基地。但是，这次轰炸对德国人一点儿影响也没有。潜艇和其他所有的船只都被掩藏在22英寸厚的水泥板下，而炸弹根本穿不透。尽管在同盟国的轰炸中德国潜艇没有任何损失，但是随着大西洋运输航线争夺战的激烈性加剧，盟国反潜艇部队的措施令德国人始料不及。

对邓尼茨的任命不仅平息了元首内心的怒火，也从此改善了德国潜艇的命运。天遂人愿，此时大西洋北部的天气也变得温顺了。由于暴风雨天气不适宜小型货船航行，1月份德国潜艇的战果也不佳，只击沉了39

斯格弗瑞德·冯·福斯特纳男爵，是普鲁士一个贵族家庭的第四代军人。他头戴德国潜艇船长白檐军帽。1943年10月13日，他意外地发现美国轰炸机后，命令U-402号迅速下潜。不幸的是，飞机扔下的一枚新型声学鱼雷击中了U-402号的螺旋桨，潜艇爆炸，艇上全体人员遇难。

艘盟军船只，共计203128吨，这是一年多以来战绩最差的一个月。但是，到2月份，邓尼茨就把驻扎在摩洛哥大西洋沿岸港口附近的潜艇部队和直布罗陀附近的狼群撤回了大西洋北部。上年11月，盟国向北非发动进攻时，德国在该地区部署的潜艇根本就没起什么作用，与其留在那儿浪费人力和物力，还不如调回使其发挥应有的作用。近400艘潜艇中，有200艘可以正常工作，这其中的164艘被派往大西洋海域。在风平浪静的海面上布置这么多的潜艇，很快使得德国海上战绩卓著。1943年2月，63艘船只被击毁，沉入海底，总吨数达359328吨。

在德国潜艇的战绩中，令邓尼茨引以为荣的还不仅仅是这些数字，更重要的是在U-402号潜艇上反映出来的“令德国人自豪的英雄气概”。2月4日，由16艘潜艇组成的一支狼群奉命截击一支由北美驶向苏联的由63艘船组成的运输船队，U-402号是狼群中的一员。这支船队代号为SC118，它的护航舰队是当时最大的一支护航舰队：由英国、自由法国和美国军舰组成。截击战斗异常激烈，邓尼茨称之为“是整个截击运输船战争中最艰难的一次战斗”。

将近 3 天，盟国的护航舰队一直处于优势，驱逐舰和其他反潜舰队一直不让德国狼群靠近运输船队。此时潜艇已增至 20 艘，但是有一艘被对方击沉，数艘受了伤。然而，到 2 月 7 日夜晚，情况有了变化，U–402 号潜艇开始执行任务。它的指挥官是福斯特纳男爵，他是一位普鲁士贵族，他弟弟也是一名潜艇船长。11 月份，福斯特纳击沉了 5 艘盟军船只，这是他第六次出发执行巡逻任务。他曾经在王牌扫雷艇上当过实习生，所以他知道如何巧妙地躲过护航舰，插入运输船队内部，发起进攻。

午夜过后，福斯特纳发现运输船队的右侧没有任何护卫舰，于是，他指挥 U–402 号靠近船队，在距离最近的船 1 英里的地方下令攻击，当时是凌晨 2 点。第一枚鱼雷击中一艘小货船，第二枚和第三枚没有击中瞄准的那艘大油轮，第四枚和第五枚击中了，油轮立刻爆炸。之后，福斯特纳指挥潜艇钻进运输船队后面的一个空当继续作战。黎明前，U–402 号又击沉了 4 艘船。太阳升起的时候，英国飞机开始在空中巡逻，福斯特纳就从运输船队中撤了出来。当天晚些时候，邓尼茨亲自致电向他表示祝贺，并鼓励他“创造更佳战绩”。

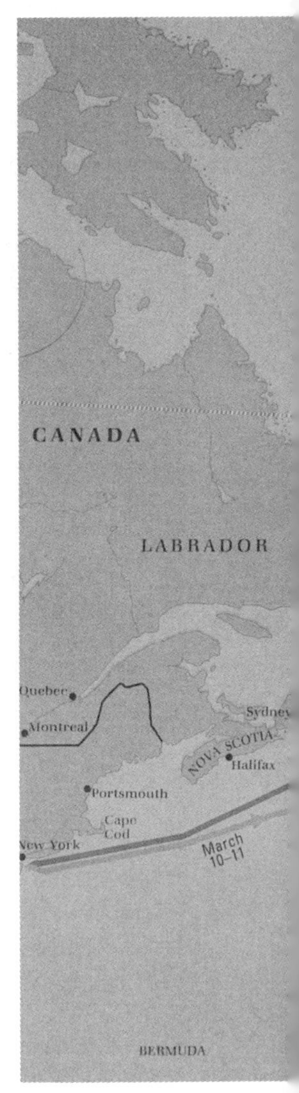

福斯特纳没有让邓尼茨失望。尽管 U–402 号发生了机械故障，但是福斯特纳并没有因此退出战场，他还是想方设法贴近运输船队，紧紧咬住船队，白天有飞机

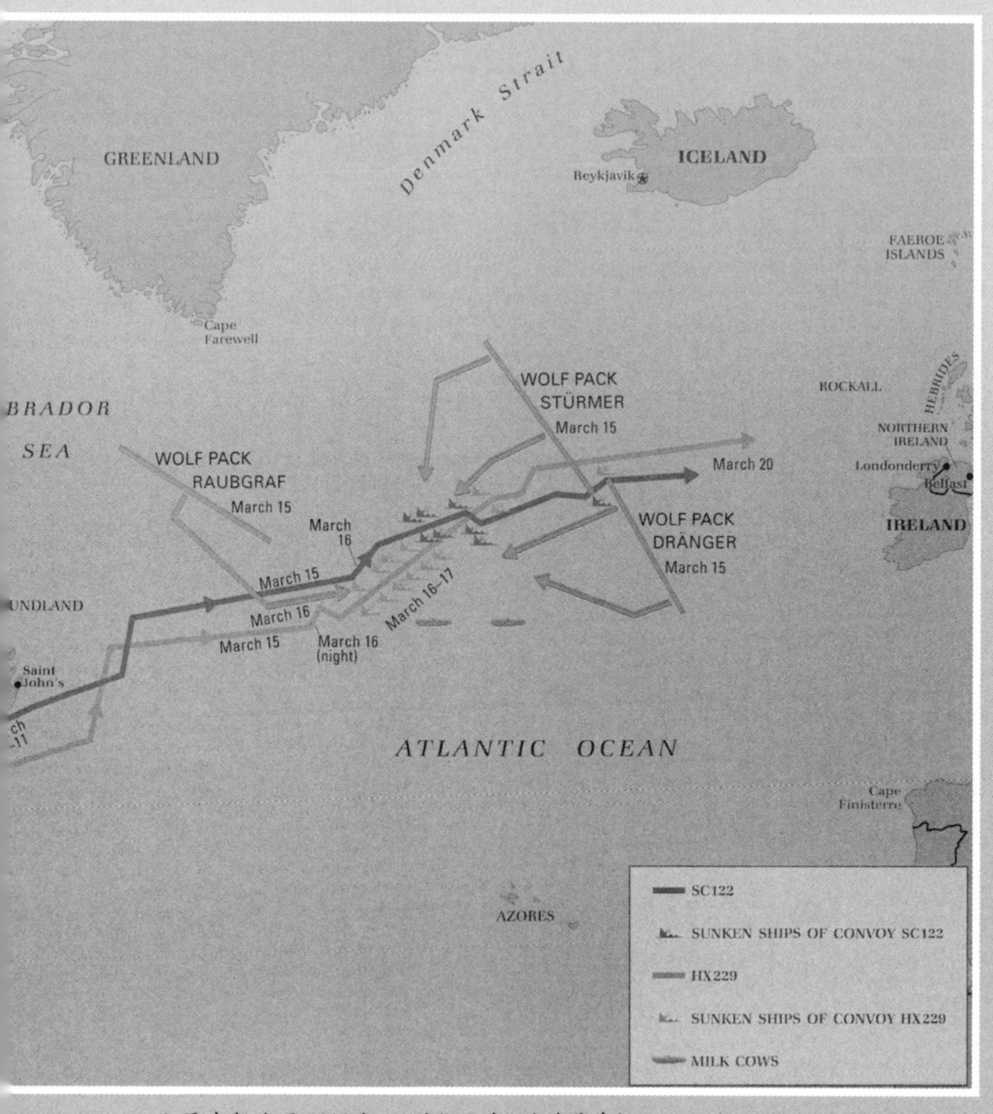

上图中标出了1943年3月，3支狼群和两支船队之间的海战高潮。最西边的狼群是罗布特男爵，它没有接近开往英国方面的运输船队，却及时报告了运输船队的位置并一直追踪着船队。掠夺者狼群正好位于SC122和HX229船队的航道上，盟军的飞机又飞不到。连续3个夜晚，掠夺者狼群的11艘潜艇不断地用鱼雷进攻运输船队。勇敢的魔鬼狼群也从北部赶来支援。88艘商船中的1/4被潜艇击中，幸存的船只到达北爱尔兰防御范围内后，德国潜艇才停止追击。

不停地在海面上搜索，他设法躲开飞机的侦察，坚持不懈地跟踪着运输船队。当天晚上，U-402号追上了一艘英国商船，用最后一枚鱼雷将其击沉。第二天上午，即2月9日，U-402号在压缩机漏油和一个汽缸出毛病的情况下返回了拉·帕立斯基地。不到24小时，福斯特纳击沉了7艘船，使他个人击沉敌船的纪录上升到10万多吨。在返航的路上，邓尼茨向他发来贺电，授予他“骑士勋章”。

2月份的战绩拉开了德国潜艇胜利的序幕。在截击SC118运输船队的战斗中，德国损失了3艘船，4艘受了重伤。多亏施佩尔建造计划的顺利实施，才使得邓尼茨有足够的备用潜艇。但是船的问题解决了，人力不足又成了亟待解决的重要难题。到1943年，战争已经耗尽了德国的人力，人员训练时间随着战争对舰艇数量的要求而大大缩短。海面上的德国潜艇越来越多，但是潜艇上的船长都没有经验，有许多船员还是第一次出海。1943年3月1日，在世界范围内驻扎的德国潜艇达70艘，在途中换防或返回港口检修待命的达114艘。北部航线是繁忙的运输航线，潜艇也因此而增到45艘，平均每个星期都有两艘潜艇起航东征，有两艘返航检修。潜艇的战绩也直线上升：3月的前10天，德国潜艇击沉41艘盟国船只。大西洋上的战斗正走向顶峰。

在3月份的5天时间里海面上进行了一场开战以来规模最大的战斗：42艘德国潜艇和100多艘商船及

它们的护航舰对垒。德国海军密码部截获了英国的机密情报，这就为德国部署潜艇创造了有利条件。3 个星期内德国海军共截获 175 条盟军的情报，其中最重要的几条表明：有两支运输船队 SC122 和 HX229 已经离开纽约港，向东行驶，其中第二支船队比第一支晚出发 3 天。这两支运输船队全都装满了重要的战争物资——食品、机车、飞机和坦克。

邓尼茨想把这两支船队都截住。3 月 12 日，他调集了由 38 艘潜艇组成的狼群，这是德国潜艇集中作战数量最多的一次。第一支狼群叫罗伯特男爵队，它们的巡逻范围是纽芬兰岛沿岸东北方向；再往东是另外两支狼群——勇敢魔鬼队和掠夺者队，它们在大西洋中部峡谷形成一条宽 200 ~ 300 英里的警戒线，这条警戒线远离盟国陆地起飞的飞机的势力范围。这两条巡逻线从南到北延伸，长达 600 英里。

邓尼茨没有想到还有第三支船队。离开纽约前，从 HX229 船队中临时分出了部分船只，组成了第 3 支船队，它是最后出发的，代码 HX229A。它走的是最北端的航线，安全地绕过了德国潜艇的巡逻线。首先出发的 SC122 运输船队绕过德国西部巡逻线上罗伯特男爵狼群的最南端。另一支运输船队 HX229 虽然晚出发 3 天，但是它的速度比第一支船队快，所以，很快就和第一支运输船队并驾齐驱，此时，看到 SC122 安然无恙，它也想走这条航线。3 月 15 日晚，风雨交加。有一艘位于左侧的驱逐护卫舰被 U-91 号潜艇发现，马上又有 3 艘德国潜艇赶来围攻。幸运的是，这艘驱逐护卫舰甩掉了德国潜艇，而 HX229 运输船队也平安地绕过了罗伯特男爵狼群的截击圈。

当天晚上，两支运输船队相隔 150 英里，相继进入两条德国巡逻线之间，而狼群却没有发现目标。德国的勇敢魔鬼狼群和掠夺者狼群还在东部等着，按说他们肯定能发现船队。此时时间就是一切，每一小时，运输队都在接近无线电监测带的东部边缘，到了那儿，它们就又进入盟国飞机的保护范围了。

德国潜艇的机会终于来了。3 月 16 日黎明前，海面一片漆黑，罗伯特男爵狼群的 U-653 号潜艇正在返航。它在海面行驶，没有下潜，燃料已经不多了，鱼雷也只剩下一枚，柴油发动机也出现故障。负责观察的舵工汉斯 · 特赫恩发现有情况，这一发现使他很吃惊，他们当时的潜艇状况已经不允许再进行激烈的战斗。事后他说："在正前方，我看到一个亮光，该亮光大约持续了两秒钟，我马上反应出那是船员在甲板上点燃香烟的火花。我立即向船长报告，待船长疾步上来时，发现我们已经驶到运输船队的中间了。"

U-653 号潜艇无意中闯入了 HX229 船队的中间，这支船队有 37 艘商船，有 3 艘驱逐舰和两艘快艇护卫。U-653 号连忙下潜到安全位置。船员们的心情异常紧张，在水下静静地听着船队从他们头上驶过。特赫恩回

在狼群夜间攻击的混乱中，盟国的一艘货船清晰地映衬在远处燃烧的火光下。运输船队的护航舰发射了照明弹，希望能在水面上发现潜艇的踪影。

忆说："我们可以清楚地听到不同的发动机发出的声音：柴油机转速快，汽油机转速慢，护卫舰涡轮机发出的噪音最烦人。"潜艇足足等了两个小时，船队过完后，U-653 号浮出水面，并发出一条极短的密码信息，告知狼群它已发现目标，继而以 9 节的速度在东北航线上跟踪船队。

柏林总部的邓尼茨马上发出一级战斗警报，下令各队全面出击。勇敢魔鬼狼群、掠夺者狼群和罗伯特男爵狼群的每一艘潜艇全速赶往船队地点会合。傍晚前，最前面的 7 艘潜艇接近 HX229 船队在附近待命。圆圆的月亮挂在空中，运输船队的轮廓清晰地映现在月亮照亮的海面上，两艘右舷护航舰间隔 6 英里，U-603 号在汉斯·约阿希姆·贝尔特尔斯曼少校的指挥下，轻而易举地就从两艘护航舰之间的空当驶过。在 7 个星期的巡航中，贝尔特尔斯曼击沉了两艘挪威油轮，现在只剩下 4 枚鱼雷了，其中 3 枚是弹簧鱼雷。这种鱼雷可以预先调整它的最大直线距离，然后，它就像一个拉直的弹簧一样在一支运输船队的路线内来回弹，在弹跳的过程中如果碰到目标就会爆炸，若碰不到目标就待自身的电动机把能量消耗完毕后沉入大海。按照惯例发射前必须通知附近的潜艇下潜或远离该海区，以免鱼雷在来回弹跳时误伤自己的船。

在 U−602 号担任监视员的鲁道夫·贝尔兹用潜望镜注视着目标。晚上 8 点，船长一声令下，贝尔兹把弹簧鱼雷齐射出去，然而，偏偏在这个时候，船队正在转弯。这样 3 枚鱼雷都落了空。几秒钟之后，贝尔兹把最后一枚普通鱼雷射出，鱼雷径直朝前蹿，正中前面的一艘货船。4 分钟后，被击中的满载着 7500 吨小麦和锰原料的艾琳卡货船，打着旋儿沉入水中。这是 U−603 号潜艇击中的第 3 艘挪威船，一艘右舷护航舰紧急掉头，赶来营救海面上逃生的船员。全体船员都获救了，只有一只宠物猫溺水而亡。这时德军没有放弃机会，又从运输船队薄弱的右舷发动了攻势。跟踪船队长达 12 小时的 U−758 号潜艇在汉尔纽特·曼萨克少校的指挥下，击中了两艘商船。

整个晚上狼群一直围着船队转。天快亮的时候，伯恩哈德·楚尔姆许伦指挥的 U-600 号又分别向 3 艘商船发射了 5 枚鱼雷。有一位名叫弗兰克·皮林金的美国水手，在货船甲板上看到“水下两条光滑平行的亮光迅速向前移动，从某一角度射进来，还来不及喊叫一声就听到爆炸声，顷刻间船被击沉”。幸运的是，这位水手事后被救。其他的鱼雷分别击中满载 5600 吨肉的纳瑞瓦号货船和南方公主号油轮，油轮顿时像一个火球燃烧起来，把海面照得通明。至此，当天夜间德国潜艇共击沉或击伤船只 10 艘。

东北部 120 英里的地方，当天晚上也有一簇火焰，那火光照亮了整个 SC122 船队。在这儿，不是潜艇围攻船队，而是一艘潜艇使船队陷入一片混乱。我们知道，在此次战斗中，有 1/3 的潜艇是首航，U-338 只就是其中之一。只有 9 个月水下经验的德国空军前任飞行员曼弗雷德尔·金恩赞尔担任船长。此前，U-338 号撞沉过一艘船，而且该船不是故意撞的。当初 U-338 号在艾姆登船厂建成准备下水时，几条系船的缆绳被砍断，船顺着船台的下水滑道倾斜着冲入水中，撞沉了一艘小船。因此，船员们给这艘潜艇起了个外号叫野驴号，并在指挥塔上刷上了一个相应的标志。

1943 年 3 月 16 日晚，金恩赞尔率领他的一群新兵们正从自己的哨位向南匆忙行驶，奉命参加截击 HX229 运输船队的战斗，它是勇敢魔鬼狼群中的一员。不久，目标就出现在他的视野内，金恩赞尔通过指挥塔上的望远镜看到船队正朝它驶来。只见SC122的56艘商船分别排成11个纵队，场面非常壮观，护航队伍由两艘驱逐舰、5艘快艇和一艘美国驱逐舰组成，比HX229的护航条件好。但是，减速后金恩赞尔悄悄地溜到了侧翼两艘主护航舰的中间。

午夜2点一过，U-338号到达运输船队前面1英里的水域，准备进攻。由于巨大的海浪吹断了指挥塔的测试镜和鱼雷计算器之间的连线，所以金恩赞尔和他的哨位官赫伯特·赞依斯莱尔上尉不得不用目测。赞依斯莱尔后来回忆说："我们只能一半根据目测一半根据经验，而我们没有什么经验，这样，每瞄准一次就要掉转潜艇对准目标。我们向右边肉眼能看到的船发射了前面两枚鱼雷，然后再掉转船头瞄准第二纵队的领航船。"在那个时候，U-338号离最近的一条船不到200码，赞依斯莱尔清楚地看到对方一个船员拿着一只手电筒在甲板上巡视。

金恩赞尔的3枚鱼雷都击中了瞄准的目标：纵队前面的两艘货船。第四枚没有击中瞄准的目标，却击中了目标后面的一艘编外蒸汽船。附近的商船马上释放焰火来寻找潜艇。借着白色火焰，几艘船上的船员们开始用机关枪朝潜艇扫射。U-338号费力地右转，发射了尾部的鱼雷，然后迅速下潜到安全地带。最后一枚鱼雷漫无目标地至少穿过了4个纵队，大约6分钟后撞到了位于船队后面的一艘货船。这样，在不到10分钟的时间里，野驴号就击沉了 4 艘船。金恩赞尔和他的船员们并不知道他们击中了 4 艘船，他们只听到两声爆炸。尽管如此，他们在水下用一顿特殊的早餐来庆祝胜利：香肠、草莓和奶油。战争是残酷无情的，当他们在水下狼吞虎咽地庆祝的时候，在他们的头上有 40 名英国和荷兰海员丧生于冰冷的海水之中。

那天早上晚些时分，SC122 和尾随的 6 艘德国潜艇到达了盟国飞机警戒线的东部边缘，马上就要驶出德国人的控制范围。从东部 900 英里以外的北爱尔兰起飞的第一架解放者型轰炸机于上午 9 点左右赶来接应，飞机在船队上空盘旋着，保护其免受潜艇的攻击。但是在每一次航空巡逻之间都有两个小时的空当。第一架轰炸机在中午过后燃料耗尽，需返航加油，金恩赞尔就利用这一空当，再次发动了攻势，他把 U−338 号潜艇悄悄地移到船队的左侧水下，一连发射了 3 枚鱼雷，一枚击中目标。当时巴拿马尼亚号货船上的 46 名船员正围坐着吃他们的烤鸡午餐，船被炸成两半。一艘快艇护卫舰和一艘驱逐舰咬住 U−338 号不放。金恩赞尔命令潜艇下潜到 654 英尺的水下，这是一个很危险的深度，普通的深水炸弹只能到达 544 英尺的水下。在那个深度，他和他的船员们又用他们自己独特的方式庆祝了他们在 12 小时内的第五次胜利。一枚接一枚的深水炸弹在他们的上方爆炸，共有 27 枚，而他们却安然无恙。

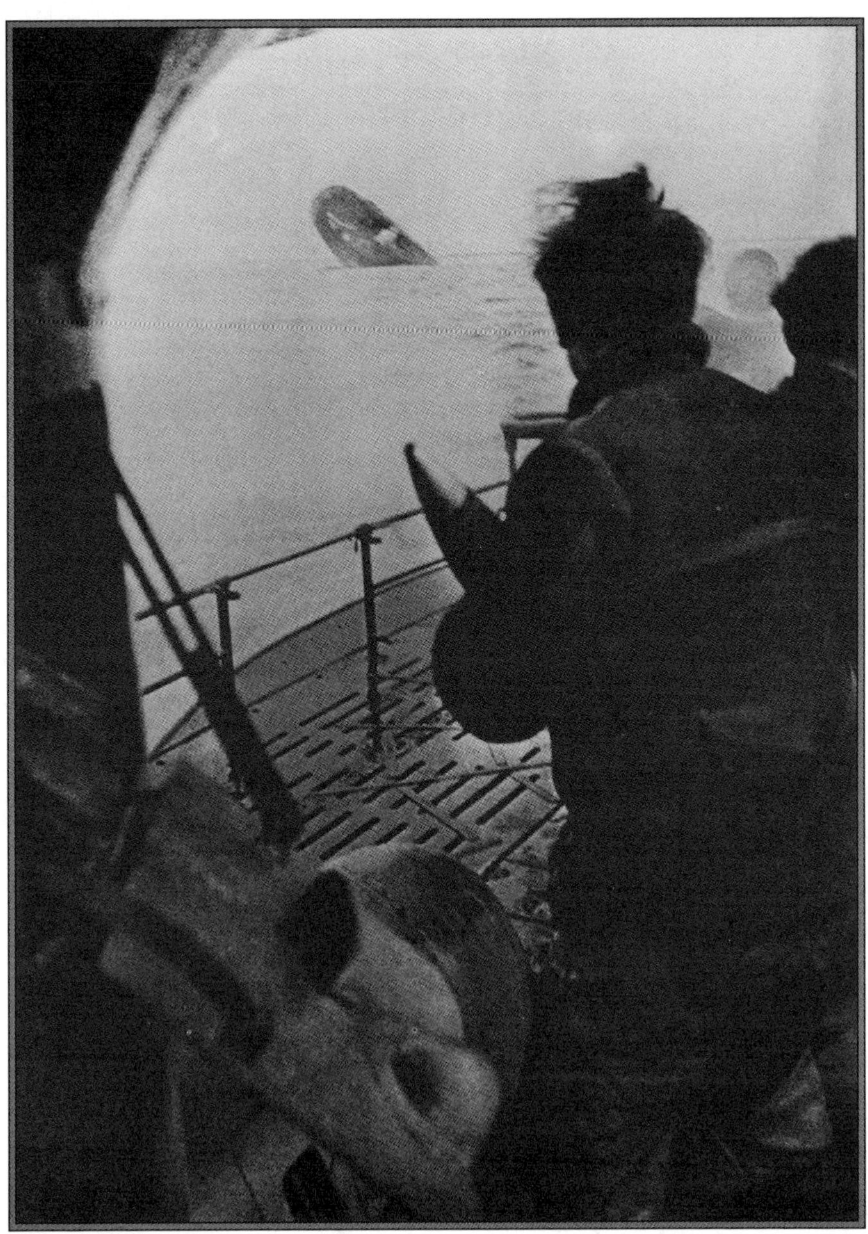

同一天，在西南方向相距不到100英里的海面上，速度较快的HX229船队也驶出了德国的控制范围。然而，U-384号趁飞机还未赶到又击沉了两艘货船。随着船队距离英国越来越近，英国的巡航飞机也越来越多。白天飞机低空飞行，有时机翼都能掀起浪花，给德国潜艇造成巨大威胁；夜间，新增派的护航舰也使德国潜艇无插足之地。

3月19日早晨，截击战到了第3天，两支运输船队行驶到距离岸上基地只有600英里的水面上，由解放者型轰炸机、森德兰得重型轰炸机和飞行堡垒重型轰炸机3种型号组成的皇家空军的7个远程中队加强了空中实力。有一架飞行堡垒重型轰炸机发现了藏在缓慢行驶在船队后面的U-384号潜艇。当时U-384号浮在水面上，在船队行驶过程中掀起的巨大旋涡的掩护下，悄悄地跟踪船队。U-384还没来得及下潜，4枚深水炸弹就在它周围爆炸了，潜艇被击沉，艇内47名官兵无一生还。

美国货轮马休·拉克班齐号独自在两支船队之间行驶。德国人不知它是第一支船队掉队的，还是第二支超前的。总之，它孤零零地在茫茫海洋中向前行驶，这简直是送到嘴边的肥肉。U-527号德国潜艇正在赫伯特·乌赫利格少校的指挥下在水中潜行，船长从潜望镜中看到了这艘离群的船。事后他才知道，这条船属于HX229船队，前一夜，当看到周围的船相继被德国潜

潜艇上的炮手们正看着一艘英国油轮的最后入水过程，其中一个炮手还怀抱一枚88毫米的炮弹。该油轮被鱼雷击中后并没有下沉，德国兵又用猛烈的炮火将其炸沉。

艇击沉后，船长立即召开了全船67名船员的紧急会议，会上大家一致同意超出6节的速度，即以15节的速度前进。离开了船队，也躲开了狼群的袭击，没想到却撞到一艘潜艇。当时两艘船的实际距离是4000码，但是乌赫利格少校错误地计算为1800码，整整少了一半多，幸运的是这两艘船在同一条直线上，所以鱼雷没有浪费，共发射了3枚，其中两枚击中货船。速度较慢的第一支船队收到了求救信号，护航舰之一的美国快艇上的海岸警卫人员马上返回，救起了货船上的全体船员，同时告诫船长私自离开船队是危险的。

1943年5月，第一艘护航航空母舰——英国皇家海军战斗者号抛锚停泊。战斗者号和它的同型的航空母舰是一种临时替代船型，它们只不过是把甲板改成起飞甲板，而且也只能停泊几架老式的箭鱼式鱼雷飞机（右）。但是，实践证明，这种早期的航空母舰的作用非常有效，所以美国造船厂又建造了23艘。

拉克班齐号受了重伤，但没有沉入海中，而是在海面上漂流。乌赫利格急于完成自己的处女作，就没有离开，在水下一直潜伏到天黑，当海面上没有其他船时才浮出水面。乌赫利格回忆说："我还没来得及下令发射，它就被另一艘潜艇发射的鱼雷击中了，并迅速下沉。"至此，这场划世纪的大截击结束。它共持续了 4 天，在绵延 600 英里的航线上，盟国损失 21 艘船，总计 14.1 万吨，拉克班齐号是最后一艘。

3 月 20 日黎明，继续跟踪船队的十几艘潜艇接到邓尼茨的命令，停止行动，返回基地。金恩赞尔指挥的

野驴号潜艇在多枚深水炸弹的轰炸下死里逃生，圆满地完成了它的处女巡航，带着击沉 5 艘敌船，并用艇上的炮火击落一架英国轰炸机的辉煌战绩，骄傲地驶入比斯开湾。船员们从水中捞出被击落的英国轰炸机上的工程师，把他送到法国西部港市——圣纳撒。这位活着的工程师和航海信号的三角旗就是野驴号胜利的最有利的见证。邓尼茨赞扬了野驴号的英勇行为，说他们“在这场截击战中取得了空前的胜利”。

对于盟国来讲，HX229 和 SC122 两支船队严重受挫，使未来的运输系统陷入危机。3 月份的头 3 个星期，就损失了 97 艘船，共计 50 万吨，这是盟国同时期生产量的两倍，损失的数量大大地超出了生产数量。更糟糕的是，损失的 97 艘船中有 2/3 沉入海底，根本无法打捞修理再利用。在解释盟国近海行动计划面临危机的主要原因时，英国海军部认为：“1943 年 3 月的前 20 天，德国截获的英美之间的情报最多。”但是，狼群此次的成功也有水分，狼群这一次击沉敌方船只的数量也不是最多的。根据邓尼茨每天每艘潜艇击沉的盟国船只的统计数字，成绩还不及 1940 年最好的时候。众所周知，1943 年 3 月，狼群给船队的打击是老天爷帮了忙，也不全是他们自身优势的功效，所以盟国方面的技术飞速发展，物资供应源源不断，这些超大的优势使得柏林方面对潜艇的希望化为泡影。

即便是德国潜艇捷报频传的时候，对潜艇不利的信息也像雪片般落入邓尼茨的总部。其中最令邓尼茨伤脑筋的是，有人传言，盟国发明了一种东西，不论白天还是黑夜，都可以在任何天气状况下发现海面上浮着的潜艇。而近一段时间德国潜艇上的雷达探测仪的确不能及时地发现敌舰的进攻，因此，邓尼茨推测，对方的飞机和护航舰上很可能安装了一种新型的高强度雷达。宁可信其有，不可信其无，为了避开这种猜测中的雷达，邓尼茨下令凡是进出比斯开海湾的德国潜艇无论白天黑夜，必须潜入水中行驶。

邓尼茨的直觉是对的，盟国的这种新技术直到夏季之末德国专家们才掌握。这种新型雷达装置可以准确地标出 12 英里的范围内水面上行驶的潜艇的方位。它对无线电发射的 9 ～ 10 厘米之间的波长都能有效地做出反应。这不仅比德国雷达探测仪的 1.5 米准确得多，而且这一数字也出乎德国专家们的意料。

但是，光靠这种高精度的雷达也解释不了盟国可以发现远距离狼群这一疑问。在这场邓尼茨称之为“象棋比赛”的较量中，盟国一次又一次地改变运输航线，这一点表明他们已经知道德国狼群的战略部署和战备意图。邓尼茨还从截获并破译的英国无线电密码中了解到，盟军对德国潜艇的去向也了如指掌。起初怀疑德国人内部有奸细，于是他命人盘问了所有与潜艇调遣有关的人员，结果只是查出几个行为不检的法国联络员，德国人没有叛徒。他还是一无所知，原来这其中的奥妙是

1943年6月，在北大西洋东部的亚速尔群岛附近，一架从美国波格号航空母舰上起飞的轰炸机发现了U-118号潜艇，并投下了深水炸弹，受伤后的U-118号为躲避周围的炸弹呈“之”字形行驶。最后，U-118号被击沉，55名海员中有40名丧生。

英国的高频无线电测向仪，这是一种陆海两栖基地的高频测向装置，它能把截获的德国潜艇发射的通信加以分析，制订出一个三角形的运输航线图。另外，在伦敦市外的伯莱切利公园的秘密基地，有一群英国密码专家，他们已经破译了德国密码机的密码。如果给他们足够的时间，他们还能探测出邓尼茨指挥潜艇行动的总部的具体位置。

虽然邓尼茨没有想到英国人实际上就是在“阅读他的命令”，但是，他还是采取了非常谨慎的态度，德国海军同时使用了两套密码。1942 年 1 月，他调换了大西洋上从九头蛇到特赖登之间潜艇行动的密码，结果使伯莱切利公园的英国专家们不知所措。1943 年 3 月 8 日，就在截击两支船队的前一个星期，邓尼茨开始使用拥有四个编码转子的恩格玛密码机，将可能的转子序列翻了两番。虽然 HX229 和 SC122 船队惨遭伏击，但是英国的密码专家们还是仅用了 10 天就用一种新型数字计算机先驱的电子仪器破译了新的密码系统。

不断改进的盟国武器装备和惊人的美国造船业的年产量，对德国潜艇也构成了威胁。各运输船队的护航舰的数量越来越多，护航舰的装备也越来越精良。比如，越来越多的护航舰上都配备了一种叫“刺猬弹”的反潜深水炸弹，这种类似迫击炮的武器可以向正前方 250 码的目标发射 24 枚炸弹。与传统的深水炸弹不同，这些 32 磅重的炸弹只有触到潜艇或海底时才会爆炸。这一性能就解决了必须在一定深度才能歼灭目标这一问题。因为即便击不中目标，这种鱼雷也不会在附近水域爆炸，可以用声波定位仪及时地重新控制已发射出去的炸弹。

大西洋中部潜艇控制的范围逐渐缩小。解放者型轰炸机上又安装了额外的油箱，这样，这种轰炸机可以在空中连续飞行 16 个小时，不仅如此，飞机的数量也增加了。3 月底，在大西洋北部上空飞行的轰炸机有 20 架，5 月，就达到了 70 架。但是，真正起作用的还是舰载飞机。这种飞机使德国潜艇在海洋中没有任何空隙可乘，盟国已经开始在某些商船和油轮上配置飞行甲板，这些战斗机就可以在船上起飞和降落了。结果，3 月份第一支真正自配护航设置的运输船队——美国波哥号开始首航，它的护航队由 12 架战斗机和 9 架鱼雷轰炸机组成。

不久，驱逐舰、反潜猎潜舰和舰载飞机一起保护运输船队，人们称其为援助组。以往的护航舰队和运输船队同时出发，不离左右，而这种援助组有所不同，其中的五六艘可以独立行动。它们可以疾驶赶去帮助遇难的任何一支运输船队，加强该船队的护航力量，然后打乱队形，攻击正在袭击船队的潜艇。这种专门攻打德国潜艇的军舰的能力给它们赢得了一个绰号——“猎潜杀手”。

早在1943年4月，盟国的这种舰艇的数量就呈上升趋势，很快也取得了令人满意的效果。在长达一个星期的拦截美国开往地中海的运输船队的行动中，德国潜艇只击沉了4艘商船，这个数字与原来相差甚远，这使邓尼茨感到不安。4月份，德国潜艇共击沉56艘，32.8万吨敌船，只是3月份的一半。沃纳·汉克少校指挥的U–515号潜艇的表现多少给心情失落的邓尼茨带来一丝慰藉。4月30日晚，阴雨蒙蒙，U–515号单独在西非海岸巡航，汉克钻入一支由14艘商船组成的船队，不时地躲避着3艘驱逐舰和5艘武装船，在9个小时内发起了两次进攻，击中8艘商船，计5万吨。德国潜艇非常需要像汉克这样的船长，有头脑，有经验，遇事冷静，不慌张，胆大心细。5月份给这场悬而未决的海上控制权争夺战带来了一轮新的危机。

德国人信心十足，要给越来越多的盟国运输船队以沉重打击。5月1日，邓尼茨向大西洋北部派驻了最强的潜艇阵容——60艘潜艇，形成4支巡逻线。3支运输船队绕过了众多潜艇的巡逻范围。但是5月4日下午，ONS5运输队将货物卸在英国沿岸港口后，装着压舱物向西航行，径直驶入一支巡逻线中间。

情况似乎对德国潜艇非常有利。很快41艘潜艇都进入进攻范围，商船船队异乎寻常地薄弱。风把运输船队的40条船吹散在海面上，护航舰四分五裂，甚至有几艘油快用完了，不得不驶向纽芬兰加油。德国潜艇就遭受到炮火轰击但没有下沉的U-333号返回了法国港口，一艘英国护航舰的深水炸弹炸伤了潜艇。小心翼翼地把它开回家的船长称之为“一堆碎片”。

像闻到血腥味的鲨鱼一样冲出来，当天晚上就击沉 5 艘船，第二天又击沉 4 艘，第二天扩大到 30 艘。它们围着四分五裂的商船队，用一位护航舰船长的话，要把船队“全歼”。

但是，夜幕降临前海面上升起了浓浓的大雾，形势急转。潜艇在浓雾中盲目地寻找目标，而盟国的护航舰上的船长们用新安装的 10 厘米雷达屏幕可以准确地瞄准潜艇。护航舰向德国潜艇发动了猛烈的进攻，击中4艘潜艇，其中两艘是用深水炸弹击中的，两艘是被撞沉的。另外，还有3艘潜艇受到重创。第二天，即5月6日，远程飞机和一支新组建的援助组从纽芬兰赶到，又击沉了3艘潜艇。

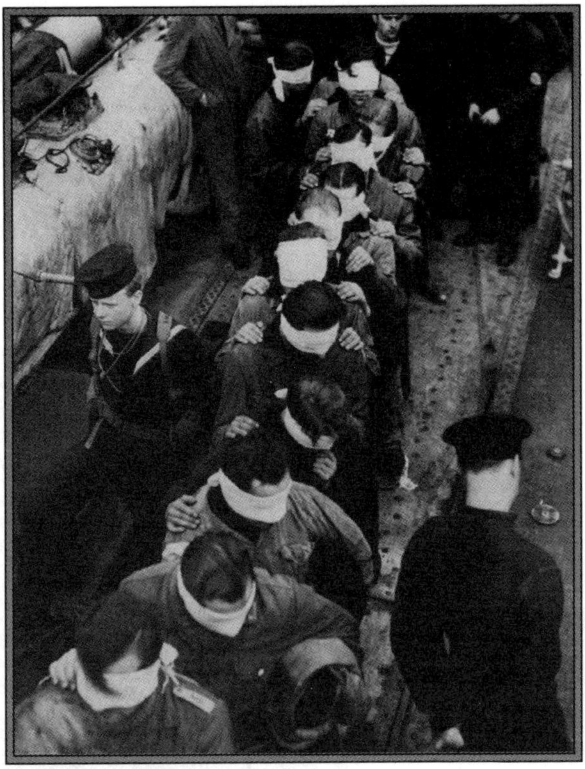

7艘潜艇被击沉后，邓尼茨又命令在格陵兰南部形成一条新的警戒线，拦截向东航行的两支船队。5月11日，德国潜艇击沉了3艘HX237船队的掉队船，然后开始追击船队。但是，HX237的保护措施非常好，护航阵容强大：除了正常的护航舰外，还有从陆地起飞的飞机和以英国比特号舰载飞机为中心的援助组。当天和第二天，有3艘潜艇企图进入船队中间而被击沉，之后再也没有潜艇敢去冒险。3艘遇难潜艇的情况基本相同：它们从水中一发射鱼雷就被头上的森德兰重型轰炸机和鱼雷轰炸机通过雷达和望远镜发现，结果是可想而知的。

一艘被击沉的潜艇上的幸存者们被英国护航舰从海中救起，为了不让他们看见护航舰上的武器装备，人人都被蒙上了双眼。大约有7000多名德国潜艇人员被俘后被送往英国和北美关押。

然后，“猎潜杀手”援助组又西行，去帮助SC129船队，德国潜艇已经向此船队发动了两天的进攻。这场较量是在18艘德国潜艇和英国B2护航纵队之间展开的。这18艘潜艇包括曾经在2月份的一天内击沉7艘商船的王牌潜艇。王牌潜艇的船长是福斯特纳的弟弟，小福斯特纳。英国B2护航纵队的总指挥是唐纳德·麦克安泰中校。麦克安泰中校是一位经验丰富的反潜老手，他曾经击沉了奥托·克雷（里）茨克默指挥的U−99号潜艇和约阿希姆·斯基克指挥的U−100号潜艇。他担当护航的运输队从未损失过一艘船。5月11日傍晚，小福斯特纳打破了麦克安泰的不败纪录。小福斯特纳从水下击中了两条货船，后被深水鱼雷击中，不得不退出战斗。

当天夜里，狼群的另一艘，U−223号在卡尔·瓦希特尔少校的指挥下，和麦克安泰展开了一场最为激烈的战斗。U−223号从后面接近运输船队时，麦克安泰的指挥舰——金星驱逐舰，通过雷达发现了它，并向它进攻。瓦希特尔下潜，但是太晚了，麦克安泰用从克雷茨克默手中缴获的双筒望远镜看见了潜艇的尾波，发射了深水炸弹。

爆炸使U−223号差一点儿失去控制。瓦希特尔决定冲上水面，展开对抗战。他的船员们手工操纵甲板上的大炮。但是金星号已先开了炮，并驶向U−223号，又在贴近水面的浅水位发射了深水炸弹。很快，U−223

无助地在水中摇摆着。瓦希特尔异常冷静，他清理了被炸坏的驾驶台，开始发射鱼雷。但是，金星号是从正面进攻的，所以可袭击的面很窄，他没有击中目标，最后瓦希特尔在绝望中企图撞向这艘英国驱逐舰。

麦克安泰也正想撞沉眼前这艘受了伤的潜艇。但是，上一年 12 月，他撞沉潜艇后驱逐舰也受了严重损伤，在船厂修理了整整 3 个月。总结上一次的教训，这一次麦克安泰想用驱逐舰的前部轻轻压过去，然后再加大马力使劲推过去，用这种方法既能不伤自己，还能把潜艇撞翻。驱逐舰的前部沿潜艇外壳滑过去，但并没有构成危险，只是稍微使潜艇倾斜了一点儿。可是，瓦希特尔以为潜艇就要沉入海中，于是命令所有的人都到甲板上，准备弃船。麦克安泰在金星号上看见有一名受伤的德国兵跳入水中，接着是第二个。他也认为潜艇正在下沉，于是就率驱逐舰返回了运输队。瓦希特尔和麦克安泰都判断失误了，U-223 号的船员们简单修理之后，艰难地行驶了 12 天，返回了圣纳撒基地。

尽管 U-223 号奇迹般地幸存了下来，但是一艘潜艇毕竟不能改变大西洋海域德国潜艇的命运。在截击 SC129 船队的战斗中，德国损失了两艘潜艇。还好，这两艘潜艇分别击沉了一艘盟国的船。一个星期后，情况更糟糕。3 天之内有 3 支船队冲破了德国潜艇封锁线，没损一船一舰。不仅如此，还把 5 艘德国潜艇击沉入海。

U-511 号的机械师海恩兹·瑞赫斯（上图为战前的照片）带回了他日本之行的相册以示纪念。

游历东方

希望日本有限的潜艇舰队在太平洋地区击沉更多的盟国船只，希特勒送给这位轴心国的东方朋友两艘最先进的德国潜艇，其中一艘是 IXC 型的 U-511 号潜艇。德国兵们踏上这艘潜艇环绕半个地球，到达一片遥远的国土，也不知何时才能回家。此次向东冒险行动被德国人称为"马可·波罗行动"。新结识的日本朋友送给 U-511 号的机械师海恩兹·瑞赫斯一本相册，这本相册记录着德国人在东方的生活和工作的情况。我们在后面选了其中的几幅作品。

1943 年 5 月 10 日，U-511 号离开劳瑞恩特，沿西海岸向东航行一个月，绕过好望角，又用了 30 天的时间穿过炎热的印度洋。当时，潜艇内部的钢板结构使得舰内变成了一个蒸汽室。7 月 16 日，德国人终于到达了日本人控制的马来西亚港口——槟榔屿。在那儿，人们用古老的东方礼节欢迎这群远道而来的客人。

在新加坡短暂停留之后，U-511 号穿越南海，于 8 月 8 日到达日本海军基地——位于本州岛西南岸港口城市吴港，航行近 3 个月。在随后的几个星期里，尽管有语言障碍，但是德国兵和日本兵相处得非常融洽，他们耐心地教给日本人如何操纵先进的德国潜艇。在潜艇交接仪式上，一支乐队进行了庆祝演出。瑞赫斯在日记中写道："看到日本国旗在德国造的潜艇上飘扬，我觉得很滑稽。"

之后，德国兵们就往国内走。他们接管了一艘在新加坡搁浅的意大利潜艇，在印度洋航行了一半后才得知原本要给他们加油的奶牛油罐已被击沉，不得已他们又返回槟榔屿。此后，到战争结束，他们一直把这艘意大利潜艇用作货船，替日本人运送重要的战略物资。

其间，两名德国士兵死于疟疾，包括瑞赫斯在内的其余官兵于 1947 年返回德国，与家人团圆。此时，距离他们出发已经 4 年，第二次世界大战也已结束两年。

1943年7月，U-511号在海上航行两个月后到达槟榔屿，日本人给他们送来了新鲜的水果，U-511号的全体官兵为能吃上如此新鲜的热带水果而高兴。

在日本的太阳旗和德国战斗旗下，两国潜艇官兵们注视着潜艇交接仪式。该仪式在日本本州岛西南岸港市吴外的海军基地的柔道训练馆举行。

训练的闲暇时间，一个日本兵在日式摔跤中击败了瑞赫斯（右）。

德国士兵和日本士兵在训练中合影留念。

当邓尼茨在柏林总部接到这一报告后，他的固执脾气又上来了，立即给船长们发电敦促他们完成任务："如果你们之中有谁认为已经没有必要截击船队的话，那么他就不配再担任德国潜艇的船长。大西洋运输航线的战斗之所以越来越激烈，是因为双方都意识到了它的重要性，这关系到整个战争的进程。虽然这不是战争的最前沿，但它是整个战争至关重要的命脉，放走了商船就等于加强了敌人前线的攻击力量。你们应该肩负起自己的责任。"

然而就在他发出命令几天后，邓尼茨计算了一下德国潜艇损失的总数，终于做出了一个令德国痛心疾首的决定。他清楚地知道，在本月的头 3 个星期里，至少有 31 艘潜艇被击沉，实际上是 34 艘。至 5 月份，损失数字上升到 41 艘，这是前几个月里月损失量的 3 倍。在痛失的 1000 多名士兵中，有一部分是最勇敢的海员，其中还包括他的儿子彼得，彼得死时年仅 21 岁。5 月 19 日，彼得随 U−954 号第一次执行任务，在截击 SC130 运输船队的战斗中艇毁人亡（邓尼茨的长子克劳斯是一名海军军医，一年后也不幸阵亡，他所在的布雷艇在法国海岸不幸遇难）。至此，邓尼茨认为，德国的损失"已经达到令人不可忍受的程度。狼群在大西洋北部海域截击运输船队的军事计划已经不现实了"。

5 月 24 日，即 3 月份开始的大举进攻盟国生命线的 8 个星期零 3 天之后，邓尼茨将狼群撤出了大西洋北部海域。海面上只散落地留下几艘潜艇，给盟军造成一种潜艇还在的假象，真正的潜艇主力已全部撤回北大西洋东部，葡萄牙亚速尔群岛的西南海域。一个星期之后，邓尼茨正式向希特勒报告了德国大撤退的情况。元首没有因为潜艇在大西洋北部的惨重损失而责备邓尼茨，从这一点上就能看出他们俩之间的个人关系，也可以看出元首对邓尼茨的信任。邓尼茨坚信，撤退是暂时的，他保证他会尽可能以最快的速度返回大西洋海域，扭转战争的局面。希特勒非常欣赏邓尼茨坚韧不拔的精神。结果邓尼茨得到了他要求的一切：希特勒同意增加潜艇产量，由原来每月 30 艘增加到 40 艘，同意各项技术要求都达到能与盟国抗衡的标准。唯一一个在 1943 年不可能满足的要求是：一支有足够飞行员的空中部队协助潜艇探索运输船队并保护潜艇完成海面截击任务。

到了夏天，邓尼茨开始实施他的反攻计划。第一步是改进武器装备。为了提高鱼雷的准确度，他往潜艇上安装了一种根据螺旋桨的声音辨别方向的新型监听装置——T5 监听器，学名叫鷦鹩。为了减少飞机对潜艇的攻击力度，他又在潜艇指挥塔后部的甲板上增设了第二个炮台，配备 4 架 20 毫米的高射炮。部分潜艇的高射炮更多，在甲板上形成了一个“防空网”。这些潜艇的任务就是在比斯开湾进进出出，故意吸引盟军的飞机，

经过伪装的潜艇通气管的顶端（右）拖在两个潜望镜的后面，这是一艘刚改装的潜艇在试航。它在平静的海水里疾速行驶。通气管的进气和排气阀门使潜艇在水下可以充分利用强有力的柴油发动机。

然后用“防空网”的多门高射炮击落敌机。经过这样改装的潜艇确实吸引了不少敌机，但是不仅没有把飞机打下来，反而许多潜艇被飞机击沉，损失惨重。自从德国狼群撤出大西洋北部海域后，解放者型轰炸机、英国重型轰炸机和其他盟国的飞机在比斯开湾自由飞行，德国海员们把那里称之为“潜艇的自杀地带”。有一位退役老兵回忆:“有的时候,我们的甲板还没来得及露出水面,船头和船尾的浮箱顷刻间又下潜，忽悠一下子，心还在水面上，人已回到水下。在那恶魔般的日子里，每一天都有可能是我们的末日。”潜艇损失数量令人心颤——7 月下旬，几乎一天一艘——8 月 2 日，邓尼茨不得不暂停比斯开湾的所有潜艇的军事行动。

双方交战过程中暴露出来的弱点表明，德国人在反进攻措施上的问题是雷达。德国的雷达研究在1940年希特勒颁布的有关武器系统发展禁令的影响下，一直停滞不前。因此，很难在一年之内达到并超过盟国多年潜心研究的水平。针对英国10厘米雷达所研制的探测器，也因德国科学家否认此雷达的存在而进一步遇挫。一位被俘的英国飞行员也反复强调没有这种新型雷达，想以此来蒙骗德国人。他告诉德国人，根本就没有什么新型雷达，盟国的飞机和军舰是根据德国潜艇上安装的探测器发出的放射波来寻找目标的。事实上，德国潜艇配备的探测器根本就不放射所谓的放射波。然而这位飞行员的谎言还是起了作用，有一段时间德国潜艇的船长们不敢使用这种探测器。

在邓尼茨的敦促下，德国科学家们在1943年开始逐渐掌握了雷达及其他有关探测方面的技术。他们发明了所谓的“狐狸装置”系列，这种装置可以迷惑雷达探测器，借此把敌人的船只引入迷魂阵。例如蝴蝶（“狐狸装置”之一），它依附潜艇浮在水面上，由一个浮标和固定在上面的一只气球组成。蝴蝶形同一棵树上的枝杈，外表用铝箔包着，这种奇妙的东西可以发出类似潜艇指挥塔的回音。“狐狸装置”系列的另一种诱惑物名叫“博尔德”，是一种化学传声器（名字来源于德国民间传说中一个诱惑人的精灵）。当博尔德装置从水下的潜艇分离后，就可以产生许多氢气泡，声波定位仪就会误认为这种声波脉冲是潜艇。

但这些都是次要的，最重要的是德国科学家们终于成功地发明了探测盟国10厘米雷达的装置。8月份，他们把6个月前从在鹿特丹击落的一架英国轰炸机上取下来的雷达进行了改装，很快设在基尔的哈根公司就生产出了新型探测器，并安装到了潜艇上，不过这只是一种临时的替代品；两个月以后，泰利弗肯公司就生产出了一种既能收到短波，也能接收6英里以外长波的接收器，并很快投入使用，安装到了每一艘潜艇上，取代了临时过渡的替代品。

1943年9月，邓尼茨把安装了新大炮、新鱼雷和新探测器的狼群重新派往大西洋北部海域，他对此次行动寄予了很高的期望。他向所有船长发报："元首时刻关注着你们的行动，进攻！加油！击沉敌舰！"果然，天遂人愿，在第一次正面交锋时，一支由19艘潜艇组成的狼群成功地截击了9月20日出发的两支船队，战斗持续了4天。他们的鱼雷一枚接一枚地击中敌船，共击中9艘运输船，击沉12艘护航舰。护航舰受挫使邓尼茨异常兴奋，因为这种新型鱼雷设计的初衷就是对付护航警戒部队的，这一次目的真的达到了。但是，邓尼茨高兴得太早了，消息有误差，实际只有3艘护航舰被击沉；船长们并不想夸大战绩，只不过一发射声学鱼雷，潜艇就要迅速下潜到安全的深度，他们在水下听到接二连三的爆炸声。有的是深水炸弹的声音，有的是鱼雷撞到其他硬物后引爆的，都被他们误认为是击中护航舰发出的爆炸声。

这场战斗表明，盟军方面在技术上还是高德军一筹。在这场战斗中，盟军的飞机还携带了自己的声学鱼雷——Mark–24 型水雷，世人称之为“怪雷”。正是这种水雷结束了第三次海上大战，也给“野驴”U–338 号潜艇短暂的海上生涯画上了一个句号。那一年秋天，狼群继续截击运输船队，但是成果甚微。另一艘潜艇，优秀的小福斯特纳指挥的 U–402 号也成了盟军轰炸机的牺牲品。10 月 13 日，在海上连续航行 5 个星期之后，小福斯特纳指挥 U–402 号在水面上急速行驶，到指定地点补充燃料，路上碰上几架从航空母舰上起飞的美国飞机，为了躲避飞机，U–402 号不得不下潜，不幸的是，被飞机投下的怪雷击中。

这样，改进后的德国潜艇的优缺点都显现了出来。盟军很快发现德军潜艇鱼雷是根据某种声波寻找目标的，德军的这种声学鱼雷就没有价值了。如果运输船队的船长们减速或加速，那么鱼雷会“刷”地滑过去，而刻意地搜寻这种特殊的声波。不久，盟军又发现了另一种诱骗声学鱼雷的方法——一种专门制造相同频率噪音的船。在一支运输船的牵引下，这只噪音船会发出比运输船发动机的声音还大的声音，用这种声音吸引德国鱼雷。而且德国潜艇的甲板上增设的大炮也成了累赘。大炮再多，毕竟不是众多飞机的对手。有一次邓尼茨命令狼群不得下潜，用炮火和盟军飞机对阵，结果造成6艘潜艇被击沉的惨重损失。更糟糕的是，6月份英国人又改进了无线电密码系统，德军没有截获任何有价值的航线情报，所以狼群一个目标也没发现。

1943年秋天，邓尼茨已经意识到不论在哪儿，他的狼群的进攻都不如以前顺利。他把狼群部署在南非和印度洋沿岸的运输航线上，而且还对1941年做出的一重要战略决定加以补充：派遣一支由12艘潜艇组成的编队去日本执行一项特殊任务，他想从日本搞一些橡胶和稀有原料。但是，由于在海上给德国潜艇加油的奶牛油罐不断地被盟军摧毁，使得他在远东部署的36艘潜艇只有4艘返回德国，这就给他的远方行动计划带来了更大的难度。他的10艘XIV型奶牛油罐加油艇到年底只剩下两艘。

到1943年底，德国潜艇的损失数量就超过了盟军损失的数量。只有到第二年3月，潜艇击沉船只的吨位才达到10万吨。1月份邓尼茨在给德国海军的新年献辞中这样说："我们将面临严峻的考验。我们这一代德国人比我们的任何前辈都要艰苦。"为了保存日益减少的德国海员人数和越来越少的德国潜艇，他别无选择，只好放弃他的狼群计划，而采用单艇行动的方案，这无疑就增添了德国潜艇在巡逻过程中的危险。

邓尼茨终于意识到"德国潜艇的海上争霸战已经结束"。1944年到来的时候，他最想要的、他一直期

船长海上遇难

下面这组照片反映了大多数德国潜艇和船员短暂的一生。U–233号的船长汉斯·斯蒂恩接任船长之职不到10个月，1943年9月，他指挥的U–233号在第一次执行截击美国运输船队的任务时，不幸被深水炸弹击中，不得已浮出水面后又遭到美国舰队猛烈炮火的袭击和撞击，指挥塔被撞倒，斯蒂恩身受重伤，并被炸入海中。美国卡德航空母舰上的官兵将其从水中救起（右）并马上组织抢救，但是一天后，由于伤势过重，斯蒂恩不幸遇难。美国人为他举行了海葬仪式。

汉斯·斯蒂恩（中）和他的船员。

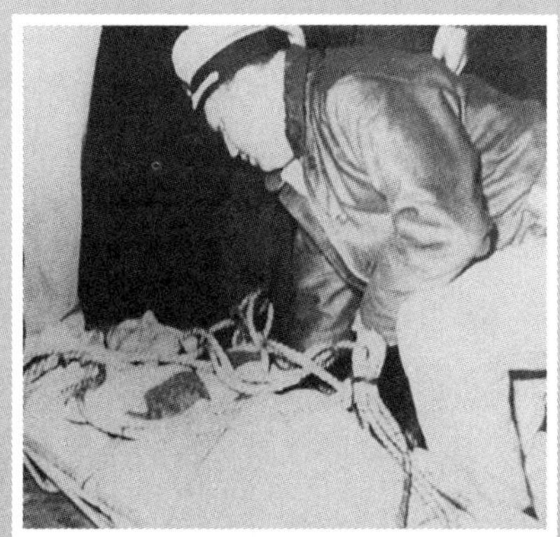

在美国航空舰上，一位军官正在照顾受伤的斯蒂恩。

1944年7月7日，美国人为斯蒂恩举行了古老的海葬仪式，斯蒂恩的遗体被推入海中。

待着的是一艘真正的潜艇，一艘能在水中飞速行驶，能在水下持续停留数周，并从水下准确攻击目标的潜艇，而不是眼前这种水中逃生的船。这种理想的潜艇早在1943 年夏天就开始试验，它的名字叫沃尔特潜艇。邓尼茨提出要在 7 月份投入生产，但是，他心里非常清楚，要想使这种易挥发的过氧化氢推进系统趋于完善，可能需要好几年的时间。

沃尔特潜艇也叫“电气化船”，它代表着潜艇发展的一个崭新阶段。它采用了沃尔特的流线型双层外壳设计，不过用的还是传统的柴油和电子引擎驱动。沃尔特潜艇用来储存油料的第二层外壳，使这种电气化船的电池的储存提高 3 倍，这样不仅提高了水下行驶速度，还延长了水中停留的时间。

另外一种经过改进的装置叫“通气管潜艇”，这种装置是一个可折叠的船桅，上面带有两个管子，管子露在水面上。这两个管子可以在潜望镜的深度为柴油机助燃和为电子引擎充电。给柴油机助燃和潜艇通风用的是一个管子，排废气是另一个管子。

为了建造这种潜艇，阿尔伯特 · 施佩尔开始了一个速成计划，这一计划借鉴的是美国解放者型运输船的制造过程。每一艘潜艇由 8 个彼此独立的部分组成，在11 个不同的地点分别制造成型，然后运到汉堡、不来梅和波兰北部港口城市格但斯克的 3 家造船厂组装。分期预制节约了将近一半的时间。即使是这样，一年以后，这种电气化潜艇才能被投入到战场上。

作为权宜之计，邓尼茨命令技术人员在现有的潜艇上安装了通气管。尽管这是一大改进，但这并不是万能的。虽然，以泡沫橡胶作掩护来吸引雷达的脉冲，但是露在水面上的通气管的一端却搅起了一串浪花。不仅如此，而且白天在飞机上的飞行员还能看见潜艇排出的废气。在潜望镜的深度为了不使通气管折断，潜艇不得不降低速度，以 6 节的速度在水中行驶。

在试航过程中，通气管一端露在水面上的阀门成为突出问题。这种设计的目的是只让气进，不让水进。但是在波涛汹涌的海洋上，多少总要进水，这就阻隔了空气的流动，最终，当气压相等时，必须马上关闭发动机，抽出潜艇内的气体，创造一个部分真空管，既让海员们呼吸到氧气，也不致损坏耳膜。如果潜艇在通气过程中柴油机出了故障，排出的废气二氧化碳就会使船员们中毒，严重的还会窒息而死。

船员们认为可以采取其他措施提高自己的生存概率。他们可以白天下潜，靠电子操纵充电，夜间使用通气管，避开大西洋上巡逻的盟军的飞机。如果需要，他们可以在水下停留数周。有一艘潜艇创造了战时水下停留的最高纪录——69 天。

1944 年春天，盟军向西欧发动进攻时只有一部分德国潜艇配备了这种通气管设备。邓尼茨只好用现有的各种方式来对付盟军的进攻。他命令驻扎在挪威基地和法国基地的近60艘潜艇随时准备会合，以阻击入侵的盟军舰队。“不能放过一只登陆的盟军舰艇，即使艇上只有几个人或只有一辆坦克，也要消灭它。要不惜一切代价。”

许多船长认为这一命令听起来近似孤注一掷，甚至还有点自杀的口气。负责解释作战意图的参谋们说，即使在最后的关头以死相拼，也不能让它们登陆。一位负责报道潜艇战况的战地记者名叫哈瑞德·布希，在战争结束后他写到，当时没有人听他的解释。潜艇上的人们都对入侵采取很谨慎的态度：“谁要露头，肯定会被击沉。”

1944年6月6日，盟军在法国北部开始进攻，此天在历史上被称为D日，从英吉利海峡上穿梭的大量军舰和登陆船表明这是海战史上最吸引人的一次潜艇捕猎行动。运送人和物资的4200艘船密密麻麻地排列在英国和法国的诺曼底之间，德国人本来认为时机已成熟，想大干一场，但是成百艘盟军战舰和上千架飞机却使德国潜艇不得靠近船队半步，更不用说发动攻势了。每平方公里就有一架飞机在英吉利海峡和附近的海域上空侦察，夜以继日，平均每30分钟一次，无论是飞机的数量还是巡逻的频率都是开战以来从未有过的。

在前几天的行动中，只有装上了通气管的德国潜艇下潜到海中才得以幸存，其余的有的被击沉，有的严重受伤，有的掉头返回基地。直到6月15日，配有通气管的潜艇才击沉两艘护航舰和一艘登陆舰。

8月底，气势逼人的盟军迫使德国潜艇放弃比斯开湾的海军基地，撤退到挪威。幸亏有了通气管，才使集合待命的30艘潜艇平安地绕过冰岛和苏格兰海域。但是，夏季一过，战争的局势再一次显示了德国潜艇的无能为力。从D日（6月6日）到8月底这一段时间，在截击盟军的运输船队的战斗中，共击沉5艘护航舰、12艘商船，还有4艘登陆艇，为此德国付出了20艘潜艇的代价。

在以后的几个月里，德国潜艇的状况没有任何改变。驻扎在挪威基地，延长了每次活动所需的时间，大部分时间在水下航行。目前潜艇的活动区域主要是英国沿岸，而这儿正是德国人5年前挑起战争的原始海域。此时所有的德国潜艇都安装了通气管，损失确实减少了，但是击沉对方的船只也少得可怜。1944年10月，德国只击沉一艘7000吨的盟军舰船。

从某种角度看，邓尼茨对外一直保持着他的自信心。1945年初见过他的一位潜艇中校这样写道："虽然他面容憔悴，显得疲惫不堪，但是从他的举止来看，仍能看到我们辉煌时的巨大激情和充沛的活力。"每一次单艘或两艘潜艇执行任务时，明知他们冒着生命的危险，但是，邓尼茨还是在希特勒面前表现得非常乐观，燃起元首心中对潜艇的一丝希望。

邓尼茨还是念念不忘新型电气潜艇，并寄予厚望。海上试验遭到盟军炸弹的袭击，再加上他自己说的“创业阶段的艰难”，都延误了新型潜艇的建设。到1945年2月，首批才开始使用。下海以后立即驶往英国海区，在那儿，U-2336号击沉了两艘商船。狼群迅速增加到38艘，没有损失一兵一舰；但是首批的电子潜艇船体小，速度比预计的慢，属于XXIII型，船上只能载13名船员，装两枚鱼雷，而且也只能在浅水区域才能充分发挥作用。

邓尼茨心目中理想的电气潜艇速度更快，容量更大，排水量是1600吨，水下速度高达17.5节，属于XXI型，是传统潜艇的两倍。它可以航行到南美最南端的合恩角再返回，而途中不需加燃料，不必浮出水面。

在火力上，XXI型也居当时领先地位。它几乎比其他的潜艇大一倍，可以装载24枚鱼雷。借助液压装载装置，水手们可以在12分钟内重新装上全部的6枚鱼雷，比原来装一枚鱼雷所用的时间还短，20分钟内可以发射18枚鱼雷。超感应水下测音器可以探测到50英里以外的目标，而且一种新的声波定位仪可以发现并准确地计算出所探目标的速度和活动范围，这样，潜艇可以行驶到运输船队的下面，从水下150英尺的深度任意发射鱼雷。

第一艘XXI型U-2511号潜艇于1945年4月30日正式投水使用，它从挪威西南部港口城市卑尔根出发，

1945年5月，德国全面投降后，U-805号向美军投降。美国人想把U-805号拖往新奥尔良的朴次茅斯海军基地。

执行它的处女巡航任务。它的指挥塔被漆成白色，目的是避开飞机，塔上画着一个雪人，以此来纪念邓尼茨的前任执行长官、德国海军的功勋元老——该艇船长阿德尔伯特·斯希尼少校，他的名字在德语中是白雪的意思。也就在同一天，希特勒在柏林的地堡中自杀，自杀前他把德国元首的职位交给了邓尼茨，以此奖励他对德国的忠诚。

一切都太晚了。4 天以后，即 1945 年 5 月 4 日下午 3 点 14 分，早已开始和西方盟国谈判的邓尼茨通过电波向所有潜艇发布停火命令。第二天，他在最后一次命令中说：“你们一直非常勇敢。尽管你们投降了，但是在这场战争中你们是最优秀的，从未被打垮过，你们是当今世界上无与伦比的勇士。”

尽管损失惨重，但是许多潜艇的船长都和邓尼茨一样斗志高昂，正是这种精神才支撑着他们坚持到最后。在近 6 年的战争中，有 1155 艘潜艇参加战斗，其中有 725 艘遇难或失踪。35000 人参战，28744 人阵亡，战争死亡率高达 82%。后来，有几位船长不愿意投降，其中两位带领自己的潜艇开往阿根廷，5 位带着自己的人马投奔日本，221 人离开了自己的潜艇。

斯希尼携 U−2511 号全体人员“打”了最后一仗。收到停火命令的数小时之后，斯希尼在大西洋北部的法罗群岛北面，通过潜望镜看到了德国潜艇最可恨的克星——诺福克号——猎潜反潜的英国巡洋舰队，有一艘巡洋舰和 4 艘驱逐舰。他把潜艇开到离巡洋舰 500 码的地方，占据了有利地形，准备发射船尾鱼雷。他曾不止一次地这样射向敌舰，然而这一次他没有像往常那样下令开火，而是骂了一句。U−2511 号肯定会击中对方的，但他是军人，必须服从命令；U−2511 号以胜利者的姿态在英舰前面浮出水面，之后返回了基地。

奥托·克雷（里）茨克默(1912—1998)

U-23号和U-99号船长。

击沉44艘船，262203吨。

1940年8月4日获骑士勋章；1940年10月4日获栎叶勋章；1941年12月26日获剑杖勋章。

克雷茨克默是一位职业军人，表现欲极强，击沉同盟国舰船的吨位数最高。1941年被俘，被拘留在加拿大期间组织一伙战俘为德国偷运军事情报。

德国潜艇上的强盗们

他们是一群遭世人痛恨的海军船长。他们造成的灾难令人发指。共击沉盟国和中立国的船只达1400万吨。其中之一便是残忍的奥托·克雷(里)茨克默。13个月中，他带来的灾难位居众恶之首。他们制造的现代战争——秘密袭击、技术较量、冷酷无情，令全世界为之震惊。1415名德国潜艇指挥员既是恶魔又是勇士，他们身上集中体现了海战勇士最完美的规范。他们高超的航海技术、与海员同生死共患难的大无畏精神、对国家的忠诚和临危不惧的气概也得了对手的尊敬。他们之中的大部分为国捐躯：566名船长丧生大海。战争后期，那些还活着且又没有被俘的、击沉舰只10万吨左右的都获得了骑士勋章。他们的成功应该归功于娴熟的技艺、良好的运气和全体船员的密切合作。有一位活着的船长说：“我们都是兄弟。这不是我个人的胜利，而是艇上50个弟兄共同努力的结果。”在此我们仅向大家介绍16名船长、他们的潜艇、他们的战绩以及他们的荣誉。

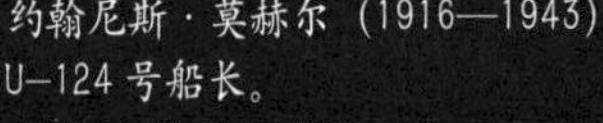

约翰尼斯·莫赫尔（1916—1943）

U–124 号船长。

击沉 29 艘船，135067 吨。

1942 年 3 月 27 日获骑士勋章；1943 年 1 月 17 日获栎叶勋章。

邓尼茨称他是“马厩中最好的马”。面带微笑的阳光男孩，莫赫尔拥有一位合格的潜艇船长所具备的一切品质：领导艺术、战争的热情、潜艇技术的热衷和悟性。莫赫尔还非常幽默。1942 年，一周内在美国海域击沉 7 艘船后，他的报告是一首诗：

弯弯的新月下漆黑一片，
哈特勒斯海岸油轮入海，
罗斯福伤心地伸手数数，
被莫赫尔击沉 50000 多吨。

1943 年 4 月 3 日，U–124 号在直布罗陀海岸被击沉，莫赫尔和全体船员都遇难。

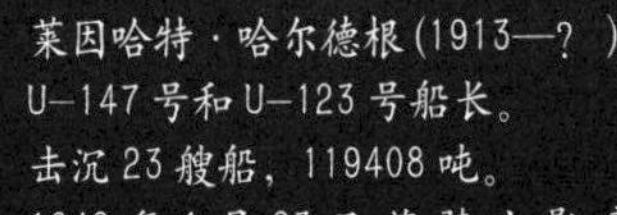

莱因哈特·哈尔德根（1913—？）

U–147 号和 U–123 号船长。

击沉 23 艘船，119408 吨。

1942 年 1 月 23 日获骑士勋章；1942 年 4 月 23 日获栎叶勋章。

生于不来梅，继父是第一次世界大战期间著名的潜艇船长。哈尔德根从小就对潜艇产生了浓厚的兴趣，成人后把潜艇船员作为自己的职业。1942 年 1 月 12 日，他在科特角击沉赛克劳斯号，使美国人真正意识到战争的存在。继而，于同年 4 月，在东部海区击沉 7 艘军舰。被人称为“冷血动物”的哈尔德根对音乐却情有独钟。战争一结束他就说：“原来的敌人现在已经是朋友了。”并马上和被他击沉的美国船只的幸存者们联系

海因里希·莱曼－威伦布鲁克(1911—1986)

U-5号和U-96号船长。

击沉25艘船，183223吨。

1941年2月26日获骑士勋章；1941年12月31日栎叶勋章。

农民的后代，红头发，小威伦布鲁克在柏林郊外的孤儿院里第一次认识了军队。他的外号叫瑞克，德语的意思是“无畏的勇士”。他是一名无与伦比的海员和令人信服的镇静自若的潜艇指挥官。战后他的事迹被写成了一部小说，名叫《从海底出击》(*Das Boot*)，小说畅销全国并被拍成同名电影。

京特尔·普林(1908—1941)

U-47号船长。

击沉33艘船，197218吨。

1939年10月18日获骑士勋章。

普林曾经说：“我从海中得到的乐趣远大于任何一次陆地上的奇遇。”他击沉皇家栎木号战舰后，成为德国人的偶像。他脾气火爆、性格外向，戴着妻子的围巾就跑出家门应征入伍。1941年遇难，举国上下为失去他而悲恸。

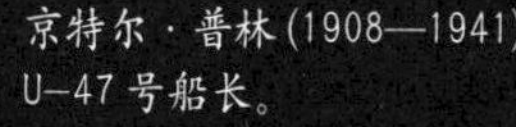

京特尔·海斯勒(1909—1986)

U–107号船长。

击沉20艘船，113462吨。

1941年6月24日获骑士勋章；1944年11月17日获德国金十字勋章。

1940年海斯勒在海军服役，14年后加入潜艇部队，时年30岁。他用一枚鱼雷就可以击沉一艘敌舰，有神射手的美誉。他创下了135天航行22000英里、击沉14艘舰船的战争记录。娶邓尼茨的女儿为妻。1941年开始进入岳父的上层指挥圈子，任军事指挥。战后他写了一部关于德国潜艇战的专著。

克劳斯·舒尔茨(1907—1987)

U–108号船长。

击沉24艘船，111546吨。

1942年12月26日获骑士勋章；1942年9月10日获栎叶勋章。

他长在波兰的但泽，父亲曾任该市市长。海边的生活使他从小喜欢大海。1940年9月至1942年9月任U–108号潜艇船长期间，在直布罗陀到加勒比海之间有效地摧毁了盟国的运输航线。他为人谦逊，从不摆架子。船上的气氛非常融洽，他从不训诫任何官兵，平等地对待每一位船员。U–108号的一名技师说：“他从不像其他船长那样把自己凌驾于全体船员之上。他可以成功地向敌人发动进攻，也可以成功地撤出阵地。”战争结束时，他担任驻波尔多的德国潜艇舰队的指挥官。

埃里希·托普(1914—2005)

U-57号、U-552号和U-2513号潜艇船长。

击沉35艘船，192601吨。

1941年获骑士勋章；1942年4月11日获栎叶勋章；1942年8月17日获剑杖勋章。他的潜艇在大西洋北部海域和美国海域出击10次，击沉同盟国军舰数量位于第四位。因此他的潜艇用彩带装饰以庆祝胜利。1942年，他被送往哥本哈根军事学院学习，3年后，成为新的XXI型潜艇的船长，战争快结束时，被英军俘获。

弗里茨－朱利叶斯·莱姆普(1913—1941)

U-30号和U-110号船长。

击沉20艘船，95507吨。

1940年8月14日获骑士勋章。

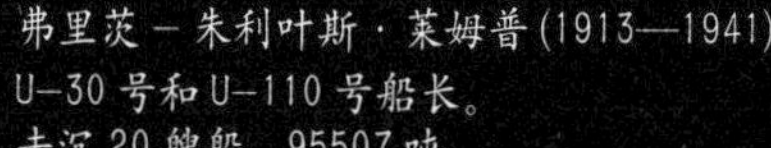

战争伊始，莱姆普击沉雅典尼亚号，21个月之后，又将密码机丢失。他非常聪明，在战场上很顽强，对手下很关心，深受大家爱戴；1941年，为了船员能活命，他下令弃船而逃，英军登上U-110号后将其击毙。

赫伯特·舒尔茨(1909—1987)

U-48 号船长。

1940 年 1 月 30 日获骑士勋章；1941 年 6 月 12 日获栎叶勋章。

他是战争早期在大西洋占主宰地位的船长之一。舒尔茨是第一个击沉同盟国军舰 10 万吨的船长，也是继普林之后第二个获得骑士勋章的船长。年轻的官兵们称他为“老爹”。他像一位父亲，对他们的关心备至。舒尔茨对敌人也很关心，1939 年他击沉弗比货船后，电告伦敦，请求英国政府派船搭救海上幸存者。

汉斯-迪特里希·弗瑞海尔·冯·蒂森豪森(1913—？)

U-331 号船长。

击沉两艘船，40235 吨。

1942 年 1 月 27 日获骑士勋章。

蒂森豪森男爵出生于巴尔蒂克的一个德国贵族家庭。他执行的 9 次任务中有 8 次是驶向地中海的；1941 年 11 月，他在地中海水域击沉巴勒姆号，这是在自由海域被德国潜艇击沉的唯一一艘英国战列舰。12 个月后，U-331 号艇毁人亡，15 名幸存者中包括他，当时他也负了伤。随后的一段日子里，他被关押在加拿大。1951 年他移民加拿大。

卡尔·埃默曼(1918—？)

U-172号船长。

击沉27艘船，152904吨。

1942年11月27日获骑士勋章；1943年7月4日获栎叶勋章。

汉堡人，青少年时就加入了海军，在遥远的印度洋和巴西海岸服役。1943年8月他冒险搭救被美国轰炸机击沉的U-604号潜艇上全体官兵；战后他回到了家乡，学习工程学，后从商。

沃尔夫冈·卢斯(1913—1945)

U-9号、U-138号、U-43号和U-181号船长。

击沉47艘船，226671吨。

1940年10月24日获骑士勋章；1942年11月13日获栎叶勋章；1943年4月15日获剑杖勋章；1943年8月9日获钻石勋章。

他在击沉敌舰的吨位上仅次于克雷茨克默，位居第二，是仅有的获得4枚不同勋章的两位船长之一。他总是以耐心细致的工作和谆谆教导来鼓励他的手下。他说：“只懂得关心手下而不能击沉敌舰的船长不会得到士兵的尊重。胜者为王，败者为寇。”他共执行过15次任务。1945年由于在军事关卡上没有回答出口令而被当场击毙，时任多特蒙德海军学校校长。

彼得·埃里希·克里默(1911—?)

U-152号、U-333号和U-2519号船长。

击沉7艘船，32724吨。

1942年6月5日获骑士勋章。

由于他的母亲是法国人，曾祖母是英国人，所以起初他被德国海军拒之门外。克里默克制着内心的痛苦投入了战斗。他说：“我不像其他年轻人，他们想从战争中得到的是荣誉和职务，我对这一切都不感兴趣。”1942年，U-333号在比斯开湾被撞，7人失踪。但是他却把船开回了港口。从此他的手下传唱着：“克里默是最好的人寿保险商。有他在，船员就能活。”

约阿希姆·斯基克(1912—1941)

U-100号船长。

击沉37艘船，155882吨。

1940年9月24日获骑士勋章；1940年12月1日获栎叶勋章。

“爱捏鼻子的伙伴”，大家都这么称呼约阿希姆·斯基克。这位金发小伙子的爸爸是一位“漂亮的”海军军官。克雷茨克默和普林比较孤傲，不合群，而斯基克是早期的3个德国最著名的佼佼者之一。他总是斜戴着帽子，以衬托出他那张青春偶像般的脸。邓尼茨认为斯基克温文尔雅的举止、潇洒的风度大长了德国军队的脸。邓尼茨非常欣赏他这一点，他在上司面前一点儿也不拘束。直到1941年临死前，斯基克一直保持着他的锐气。驱逐舰撞沉U-100号前，他喊的最后一句话还是鼓励海员们有必胜的信心。

阿尔伯瑞希特·布赖蒂(1914—1966)

U-617号、U-380号和U-967号船长。击沉12艘船，31689吨。

1942年1月21日获骑士勋章；1943年4月11日获栎叶勋章；1943年5月9日获剑杖勋章；1944年11月24日获钻石勋章。

布赖蒂一心想成为一名建筑师，在他父亲的劝说下，很不情愿地参加了海军。后来成为一名最卓著的德国潜艇船长（中间戴白沿帽）。只有他和沃尔夫冈·卢斯获4枚不同的勋章。他天性开朗、乐观，赢得了全体官兵的一致拥护。他曾经说：“船长是替官兵们佩带勋章的人。”战后，他实现了自己的梦想——成为一名杰出的建筑师。

图书在版编目 (CIP) 数据

狼群 / 美国时代生活编辑部编 ; 卢水淹 , 靳惠玲译
. -- 修订本 . -- 海口 : 海南出版社 , 2015.1 (2022.6 重印)
(第三帝国)
书名原文 : The third reich:Wolfpacks
ISBN 978-7-5443-5799-9

Ⅰ . ①狼… Ⅱ . ①美… ②卢… ③靳… Ⅲ . ①德意志第三帝国 – 海军 – 潜艇战 – 史料 Ⅳ . ① E516.9

中国版本图书馆 CIP 数据核字 (2014) 第 271541 号

第三帝国：狼群（修订本）
DISAN DIGUO：LANGQUN (XIUDING BEN)

作　　者：美国时代生活编辑部
译　　者：卢水淹　靳惠玲
选题策划：李继勇
责任编辑：张　雪
责任印制：杨　程
印刷装订：北京兰星球彩色印刷有限公司
读者服务：唐雪飞
出版发行：海南出版社
总社地址：海口市金盘开发区建设三横路 2 号
邮　　编：570216
北京地址：北京市朝阳区黄厂路 3 号院 7 号楼 102 室
电　　话：0898-66812392　010-87336670
电子邮箱：hnbook@263.net
经　　销：全国新华书店经销
版　　次：2015 年 1 月第 1 版
印　　次：2022 年 6 月第 2 次印刷
开　　本：787mm × 1092mm　1/16
印　　张：16
字　　数：180 千
书　　号：ISBN 978-7-5443-5799-9
定　　价：45.00 元